Ernst Emmerling

Nochmals der badische Verrat

Weitere Enthüllungen sowie Zurückweisung der wider die bekannte

Broschüre erschienenen offiziellen und offiziösen Angriffe

Ernst Emmerling

Nochmals der badische Verrat
*Weitere Enthüllungen sowie Zurückweisung der wider die bekannte Broschüre
erschienenen offiziellen und offiziösen Angriffe*

ISBN/EAN: 9783744610988

Hergestellt in Europa, USA, Kanada, Australien, Japan

Cover: Foto ©ninafisch / pixelio.de

Weitere Bücher finden Sie auf **www.hansebooks.com**

Nochmals

Der badische Hochverrath.

Weitere Enthüllungen

sowie

Zurückweisung

der

wider die bekannte Broschüre erschienenen

officiellen und officiösen Angriffe.

1866.

Druck von Jul. Kleeblatt & Comp. in Stuttgart.

In Commission bei Karl Aue in Stuttgart.

I.

Wenn wir in der unerquicklichen Angelegenheit, welche der Titel dieser Broschüre bezeichnet und in welcher das Urtheil des denkenden Lesers auch ohne alle weiteren Deductionen wohl längst feststeht, nochmals die Feder ergreifen, so besteht zunächst die Veranlassung hiezu in einem längeren Aufsatze der „Allgemeinen Zeitung" — außerordentliche Beilage vom 25. September — unter dem Titel „der badische Verrath und das Pamphlet".

Obgleich wir unser gerechtes Erstaunen nicht unterdrücken können, daß ein wegen seines diplomatischen Tones so bekanntes und seiner anständigen Haltung halber sonst mit Recht so allgemein geachtetes Blatt einer solchen Polemik wider uns Raum schenken konnte, einer Polemik, die eben einzig und allein den alten Satz bestätigt, daß „Schimpfen leichter als Widerlegen" sei*), so macht doch

---

*) Während andere Blätter, wie z. B. die „Neue freie Presse" erklärten, „der Ton des Aufsatzes der A. Z. entziehe sich im Interesse des journalistischen Anstandes jeder Beurtheilung," hat die „Neue Deutsche Zeitg." mit einigen Worten die Sonde an das Machwerk gelegt, und läßt sich darüber folgendermaßen aus: „Die Allg. Ztg. bringt eine angebliche Widerlegung der bekannten Broschüre „„des badischen Verraths"". Da es die Rücksicht auf die traurigen badischen Preßverhältnisse, wie sie das Ministerium Mathy durch seine Preßordonnanz vom 30. Juli inaugurirt hat, nicht gestattete, die in Baden sofort nach ihrem Erscheinen verbotene Schrift in einem öffentlichen Blatt eingehend zu besprechen (indem darauf in diesem Fall eine sofortige Beschlagnahme zu gewärtigen stünde), so haben wir auch keinen Anlaß, von der Vertheidigung in ihren Einzelnheiten Notiz zu nehmen. Hervorgehoben muß indeß werden, daß der fünf Spalten füllende Artikel nicht ein einziges der in der Schrift mitgetheilten Aktenstücke als unächt, nicht eine einzige der angeführten Thatsachen als unrichtig zu bezeichnen vermag. Aus einer Randnote der Allg. Ztg. ersehen wir, daß der Verfasser der Entgegnung die Broschüre wiederholt

gerade die Bedeutung, welche die Allgemeine Zeitung in der Leserwelt einnimmt, und welche in vorliegendem Falle noch dadurch zu steigern versucht ward, daß man den gegnerischen Aufsatz eifrig colportirte — nachdem selbst die officielle badische Zeitung Anstand nahm, durch Abdruck für Weiterverbreitung zu sorgen, was unter allen anderen Umständen sicherlich geschehen wäre — ein Schweigen geradezu unthunlich, um irrige oder tendenziös gezogene Consequenzen zu verhüten.

Wie kein Sterblicher frei von Fehltritten dahinwandelt, so ist ein solcher insbesondere einer vielbeschäftigten Zeitungsredaction nicht allzu hoch anzurechnen. Die A. Z. hat auch vielleicht bei Aufnahme des uns zur Entgegnung vorliegenden, freilich allen ihren Traditionen Hohn sprechenden Elaborats Einflüssen gefolgt, denen sie sich nicht so leicht entziehen konnte, doch sei dem, wie ihm wolle, wir haben es hier nur

als eine „Stuttgarter" bezeichnete. Dabei fällt uns unwillkürlich ein, daß Herr Bluntschli, als ihm vor einiger Zeit in der Neuen Frankfurter Zeitung der Spiegel seiner politischen Vergangenheit vorgehalten ward, immer seine Feinde und Ankläger „in Stuttgart" suchte. Auch kommt der journalistische Anwalt des Prinzen Wilhelm mit großem Eifer auf die Bluntschli'sche Affaire zurück und zwar behandelt er die Widersacher des Herrn Geheimerath in so auffallend heftiger Weise, wie man dieß nach Verlauf von 5 Monaten nur von dem Angegriffenen selbst oder einem seiner nächsten Freunde erwarten kann. Es wird uns aus diesen Anzeichen nicht schwer sein, den Ursprung der vorliegenden Entgegnung zu errathen. Dieser könnte an und für sich gleichgültig sein. Jeder Angegriffene hat das Recht, sich seine Vertheidiger nach Be= lieben zu wählen. Für uns hat es nur ein Interesse zu konstatiren, wie weit man jetzt in dem Lager der geheimräthlichen Staatsrechtslehrer in Bezug auf den journa= listischen Anstand gekommen ist. Gegen die in der Form gemäßigt und ruhig abge= faßte Flugschrift ergeht sich das Plaidoyer der Allg. Ztg. in einer Fluth von Schimpf= worten, von denen wir zur Charakterisirung eine kleine Blumenlese folgen lassen: Pamphlet — gemeinste Weise — bekannte Giftmischer — gestohlene Papierschnitzel — gemeinste Ausbeutung — gemeiner Buschklepper — dumme Lüge — bubenhafte Weise — kolossalste Lüge — Lügengewebe — Verläumdungen — schmachvollste Ver= läumbungen — siegelhaft — freche Lüge — Bubenstück — Machwerk einer elenden Partei — Infamie — gemeinste Verdächtigung — albern — gestohlene oder vom Stehler erhaltene Telegramme — Schmähschrift — Abscheu — — — so geht es fort von Anfang bis zum Schluß. Uns wundert nur eins, daß man in der alt= ehrwürdigen Cotta'schen Offizin für solche journalistische Erzeugnisse die Presse in Bewegung setzt. Der Verfasser scheint sich weniger zum diplomatischen Vertreter in Berlin, als zum Generalkonsul in irgend einem Orte des amerikanischen Hinterwaldes zu eignen, wo er seine Art zu polemisiren vielleicht besser anwenden kann, als in der deutschen Journalistik."

mit dem Gegner zu thun, der sein sauberes Machwerk in die A. Z. einzubringen wußte.

Der Name und die Person dieses Gegners können uns an sich völlig gleichgültig sein, wir forschen deßhalb auch nicht darnach, ob die unter dem Aufsatz befindliche Chiffer „H . . n" eine Mystification ist oder nicht, es kommt uns vielmehr lediglich auf die Sache an und wäre nur zu wünschen, daß man auch jenseits von demselben allein richtigen Grundsatze ausgegangen wäre.

Betrachten wir indessen den Aufsatz etwas näher, so fällt uns vor Allem darin eine ganz absonderlich monströse Behauptung auf, die mit unserem Thema zwar in durchaus keiner direkten Beziehung steht, aber gerade deßhalb als eingehende Antwort auf eine nur ganz beiläufige Bemerkung in unserer Broschüre, einigermaßen die Richtung kennzeichnen dürfte, von welcher her der Pfeil wider uns abgeschossen wurde.

Was soll man nämlich dazu sagen, wenn man heute in der „Allgemeinen Zeitung" eine Polemik lesen muß dagegen, daß wir davon sprachen, das Auftreten Bluntschli's als Mitglied der ersten badischen Kammer in der Mobilisirungsfrage sei damals von der deutschen Presse und der öffentlichen Meinung überhaupt gebührendermaßen gebrandmarkt worden?!

„Sonst und Jetzt!" wären wir auszurufen genöthigt, wenn wir uns entschließen könnten, zu glauben, daß die Allgem. Zeitung mit dem Verfasser einverstanden wäre, denn während in derselben Allgem. Zeitung heute wörtlich zu lesen steht:

„Erlogen ist es, daß die deutsche Presse und die öffentliche Meinung das Auftreten Bluntschli's brandmarkten; die Schwarzen und die Rothen waren allerdings Gegner Bluntschli's und sie haben ihn allerdings damals angegriffen, aber auf eine gänzlich bubenhafte Weise, indem sie in Heidelberg und Frankfurt in einem giftmischerischen Flugblatte die kolossalsten Lügen über ihn verbreiteten, z. B. er sei früher Jesuitenfreund und Reaktionär gewesen, habe in Bayern dem Ministerium Abel geholfen 2c. 2c." — während wir zwei- bis dreimal lesen mußten, um uns von der Richtigkeit dieser Worte zu überzeugen, bezüglich deren wir Anfangs unseren Augen kaum trauten, beschlossen wir, die Augsburgerin von Mitte Mai bis Mitte Juni dieses Jahres, als der Zeit, in welcher die Mobilisirungsfrage zu Karlsruhe auf der Tagesordnung stand, einmal mit den eben erwähnten Aeußerungen zu vergleichen.

Hier fanden wir denn, daß gerade damals, als vor Allem der Herr Geheimerath Bluntschli zum Gegenstand der Erörterungen in der Presse wurde, kaum irgend eine Zeitung es der „Allgemeinen" an rühmens=wertyer Energie im Bekämpfen Bluntschli'scher Politik gleichthat. Wir verweisen hier u. A. auf die Beilage zu Nr. 130, auf Nr. 135, 144, auf die Beilage zu 147, auf 148 und die Beilage zu dieser Nummer. In Nr. 149 findet sich die bekannte Rede Freie's auf dem Frankfurter Abgeordnetentag und in Nr. 154 ein Leitartikel: „Das neutrale Deutschland" überschrieben, welcher in sehr ent=schiedener Weise für die Bluntschli entgegengesetzte Politik plaidirt.

Wir verweisen weiter auf die Beilage zu 158, auf 165 und be=merken, daß hierbei auch die Person Bluntschli's keineswegs verschont blieb. Wir sehen dort seine Bestrebungen „als Bluntschli'schen Mummenschanz" signalisirt und beispielsweise können wir uns nicht enthalten, einen Artikel zu citiren, der in der Nummer 156 vom 5. Juni sich wörtlich also vernehmen läßt:

„Die Frankfurter Postzeitung vom 1. d. M. enthält einen Heidelberger Brief, welcher mit dem sehr zeitgemäßen Wunsche schließt, es möge dem Grafen Bismark recht bald gefallen, den Herrn Ge=heimerath Bluntschli als seinen Kollegen im preußischen Ministerium nach Berlin zu rufen. Wir können nicht unterlassen, diesen Wunsch bei dem Grafen Bismark zu unterstützen. Die Partei, welche die Ehre hat, den Herrn Geheimerath zu ihren Mitgliedern zu zählen, die Partei seiner Gegner, das badische Land, das Königreich Preußen, für dessen Vergrößerung der Herr Geheimerath in Bayern und in Baden mit soviel Hingebung gewirkt hat, endlich der Herr Geheimerath selbst werden es dem Herrn Grafen in gleichem Grad Dank wissen, und selten ist es dem Menschen gegeben, so viele und so entgegengesetzte Interessen auf einmal zu befriedigen. Eine solche Gelegenheit, sich Freunde zu machen, sollte Graf Bis=mark nicht ungenutzt vorübergehen lassen. Der Herr Geheimerath Bluntschli hat außerdem ein gewisses Anrecht auf einen preußischen Ministerposten. Um ihn einmal einzunehmen, hat er, wie in der Schweiz wohl bekannt ist, dieses sein Vaterland verlassen. Allerdings that vor ihm in der gleichen Absicht diesen Schritt sein ehemaliger Lehrer, der in Berlin verstorbene berühmte Jurist Keller, welchen nur der Tod an der Erreichung seines Ziels gehindert hat.

Aber schon in früher Jugend hatte Bluntschli das Vorgefühl, daß er dem großen Lehrer, dessen politischer Gegner er ward, den Rang ablaufen werde. Beide hatten mit einander in der Schweiz heftige Parteikämpfe bestanden: Keller als Haupt der schweizerischen Radikalen, Bluntschli als einer der Chefs der reak=tionären Partei, welche 1839 in Zürich die Regierung und mit ihr den allmächtigen Keller stürzte. Da ging Keller nach Preußen, um dort Minister zu werden, was, wie gesagt, nur durch seinen Tod vereitelt wurde. Bluntschli aber, nachdem er vorher noch den Sonderbund der kleinen Kantone mit hatte be=gründen helfen und den schweizerischen Sonderbunds=krieg mit angestiftet, begab sich, da für zwei solche Männer, die schon in der Schweiz nicht neben einander hatten leben können, im Königreich Preußen kein Platz war, nach München, wo damals noch die „„Ultramontanen““ regierten. „„Ueber München nach Berlin““ wurde der weisere Plan des jüngeren Nebenbuhlers, welcher wußte, daß er der Erreichung seines Ziels eine größere Zahl von Jahren zu widmen habe. Mit scharfsinnigem Urtheil wurden zur rechten Zeit auch noch Heidelberg und Karlsruhe zwi=schen München und Berlin eingeschoben, und es wäre eine Unge=rechtigkeit des Schicksals, wenn solcher Scharfsinn, solche Ausdauer und Consequenz nicht von Erfolg gekrönt werden sollten. Man hat Herrn Bluntschli politische Wetterwendigkeit vorgeworfen: wir müssen ihn gegen diesen ungerechten Vorwurf in Schutz nehmen! Wie Herr Bluntschli jetzt die Autorität des deutschen Bundes be=kämpft und, soviel an ihm liegt, schmälern hilft, so hat er schon vor zwanzig Jahren an der Unterwühlung der Autori=tät der schweizerischen Eidgenossenschaft, seines eigenen Vaterlandes, gearbeitet! Als alter Secessionist von der Partei der Sonderbundskantone hat er ein Recht, auch in seinem neuen Vaterlande der Unbotmäßigkeit gegen die Bundesautorität das Wort zu reden. Wäre er nach Amerika ausgewandert, er hätte auf Seiten der rebellischen Südstaaten gestanden. Er ist heute, was er immer war: **ein revolutionärer Reaktionär oder reaktionärer Revolutionär!“**

Angesichts dessen wird nun heute in der nämlichen Zeitung, in der diese treffende Charakteristik des Herrn Geheimeraths und zugleich Freundes und Gesinnungsgenossen des Prinzen Wilhelm gebracht wurde, behauptet, solche Angriffe hätten überhaupt in der deutschen Presse nicht stattgefunden, sondern nur in einem giftmischerischen Flugblatte, und zwar auf eine gänzlich bubenhafte Weise!!

Erkläre mir, Graf Oerindur,

Diesen Zwiespalt der Natur!

Wenn wir uns bei dieser ersten Auseinandersetzung, die, wie gesagt, mit unserem Thema nur in indirektem Zusammenhange steht, etwas länger verweilten, so geschah dies aus dem Grunde, weil es uns im Interesse der Sache nothwendig erschien, auf die trübe Quelle hinzudeuten, aus welcher eine derartige Polemik geflossen ist und wie dieselbe mit den sonstigen Ansichten der A. Z. unmöglich harmoniren kann.

Wie wenig es dem Verfasser auf Wahrheit ankam, was ebenfalls zu dessen Charakterisirung angeführt werden muß, geht daraus hervor, daß er ganz keck, wie es ihm gerade paßt, selbst Dinge in Abrede stellt, die ihm sofort schwarz auf weiß nachgewiesen werden können.

So hat er z. B. die Stirne zu behaupten, die Karlsruher Zeitung brächte niemals stenographische Berichte und knüpft hieran den Ausruf: „Also auch hier wieder Nichts als Lüge und Verläumbung!"

Nun bedarf es aber nur eines einzigen Blickes in die Karlsruher Zeitung, um sich zu überzeugen, wie gerade zu der Zeit, von der wir in der Broschüre sprachen, eine ganze Reihe von stenographischen Berichten über Kammerverhandlungen, die sich ausdrücklich als solche ankündigten, in Beilagen ausgegeben wurden, und daß speciell die den Geheimerath Bluntschli glorifizirende Aeußerung des Prinzen Wilhelm, welche unseren Gegner so sehr in Harnisch bringt, daß er für die unwiderleglichsten Thatsachen blind wird, sich in einer Beilage der Karlsruher Zeitung vom 15. Juni befindet, die mit klaren Worten als „stenographischer Bericht" aufgeführt ist.

Es wird darin die betreffende Sitzung vom 7. Juni — nachdem sich Bluntschli von den aus Anlaß seiner vorgeschlagenen Politik öffentlich wider ihn erhobenen Anklagen zu reinigen versucht hatte — verbotenus folgendermaßen abgeschlossen:

„Hohes Präsidium (Prinz Wilhelm): Ich danke dem Geheimerath Bluntschli für diese offene Erklärung und ich bezweifle nicht, daß die ganze hohe Kammer mit mir einverstanden ist in der Anerkennung und ausgezeichneten Achtung seiner Person und seiner Wirksamkeit."

Wenn wir nun bitten, mit dieser stenographischen Mittheilung das auf Seite 5 unserer Broschüre gebrachte Citat zu vergleichen, so wird es wohl Jedwedem klar werden, auf wessen Seite auch hier wiederum einzig und allein die „Lüge und die Verläumbung" zu suchen ist.

Wir übergehen in der Folge die vielen unsaubern Schmähreden, von denen der jenseitige Aufsatz strotzt, denn einestheils würde uns eine nähere Beschäftigung mit denselben unsere Aufgabe unerträglich machen, anderntheils ist aber gerade durch die gegnerische Kampfweise deren Vertheidigung bereits gerichtet, indem die totale Haltlosigkeit einer Sache, die sich hinter einen solchen Ton flüchten muß, nicht wohl verkannt werden konnte.

Wir haben kein „Pamphlet", sondern eine Anklageschrift geschrieben und wir haben sofort den Beweis mit unserer Anklage verbunden.

Man vergleiche die ruhige Schreibweise unserer Broschüre mit dem Aufsatze der A. Z. und man wird auch in dieser Beziehung nicht zweifelhaft sein können, wo die Wahrheit ihren Sitz hat. Wie aber nun die äußere Haltung unserer Schrift in einer so durchweg parlamentarischen Weise abgefaßt ist, daß sie unangetastet vor jedem Gerichtshofe zum öffentlichen Vortrag gelangen könnte, so erscheint auch deren innerer Werth als völlig ungeschwächt, nachdem man, so Großes sonst auch im Ableugnen geleistet worden ist und so sehr man die Aufmerksamkeit in weitschweifiger Weise auf Nebendinge zu lenken bemüht war, die Aechtheit der in der Broschüre veröffentlichten Aktenstücke in gar keiner Weise beanstanden konnte.

Man ist indessen auf noch einen anderen Ausweg verfallen, da man einsah, daß an der Sache, wie sie nach jenen Aktenstücken unabweisbar feststand, doch nothwendig gerüttelt werden mußte, wenn eine Entgegnung irgend welche Bedeutung haben sollte.

Während nämlich die offizielle „Karlsruher Zeitung" mehrere Tage früher wenigstens so aufrichtig war, zuzugestehen, daß die Bro= schüre „nebenbei" auch authentische Aktenstücke bringe, ohne aber „nebenbei" zu sagen, ob und welche Aktenstücke nicht authentisch seien, blieb es unserem jetzigen Gegner vorbehalten, die authentischen Dokumente als verstümmelte Bruchstücke oder „abgerissene Papierschnitzel" erscheinen zu lassen, wobei nur zu verwun= dern ist, daß dieselben trotzdem einen so hohen Grad officiellen In= grimms hervorgerufen haben.

Man sieht, die Taktik ist von derjenigen der Karlsr. Zeitung verschieden, aber gleich ehrlich!

Wir können hiezu einfach entgegnen, was die Redaktion der „Neuen freien Presse" in einer Note zu dem oben bereits citirten Artikel — in welchem auf eine Beurtheilung des Tones, den der Gegner angeschlagen, „im Interesse des journalistischen Anstandes" verzichtet wurde — einwandte, indem sie in Nr. 747 sagte:

„Auch uns liegt der an die A. A. Z. eingesendete, äußerst animos gehaltene Artikel vor. Gerade der Behauptung, daß in der Broschüre nur „Bruchstücke" gebracht worden seien, und daß der vermißte Zusammenhang einen anderen Sinn gegeben hätte, wäre doch jedenfalls der Beweis beizufügen gewesen, aber es ist hiezu auch nicht einmal ein Versuch gemacht worden. Die Red."

Wir waren bei Abfassung der Broschüre in einer eigenthümlichen Lage. Hätten wir die Thatsachen einfach erzählt wie sie waren, so wußten wir im Voraus, daß man dies jenseits als rein aus der Luft gegriffenes Gerede hingestellt haben würde. Es wäre uns dann nur doppelte Mühe erwachsen, denn um nicht mit Recht der Verläumdung verdächtig zu sein, hätten wir dann mit den Dokumenten kommen müssen. Wir haben jenen sicher zu erwartenden Einwand deßhalb gleich von Anfang an abgeschnitten und nun sagt man uns, die citirten Akten seien nur Stückwerk!

Wo aber um alles in der Welt sind die Lücken vorfindlich, wo sind die Stellen, welche dieselben auszufüllen geeignet sind, welche die Sache in einem anderen Lichte erscheinen lassen?! Warum rückt man jenseits nicht mit denselben hervor, warum begnügt man sich mit leeren Redensarten, anstatt die Unschuld an den Tag zu bringen?! Mit

Vergnügen würden wir dann unsern unseligen Irrthum einsehen und
freudig bekennen!

So lange ein solcher Nachweis aber nicht einmal zu versuchen
gewagt wird, insolange müssen wir, und die gesammte Leserwelt mit uns,
annehmen, daß man jenseits nicht in der Lage ist, derartige Lücken zu
bezeichnen, wie denn in der That nicht allein jedes einzelne von uns
veröffentlichte Aktenstück voll ständig*) ist, sondern überhaupt gar
kein Dokument aufgeführt werden kann, aus dem irgend
Etwas zu Gunsten des Prinzen Wilhelm sprechen, resp. zu Entkräftung
unserer Anklage führen würde.

Sind aber unsere Aktenstücke richtig, so wäre füglich ein jedes
weitere Wort überflüssig, indem auch hiernach der seines mangelnden
militärischen Verständnisses halber in der A. Z. mit so viel Gering=
schätzung behandelte Laie sich sein Urtheil sehr wohl bilden kann.

Wir haben es hierbei mit einer bloßen, auf Verwirrung der
Sachlage beruhenden Phrase zu thun.

Sowohl der „beschränkte Unterthanenverstand", wie der
höhere Militär wissen, daß Gehorsam den ertheilten Befehlen gegen=
über die erste Soldatenpflicht ist, daß also Prinz Wilhelm gegen diese
höchste Pflicht sündigte, als er — um zu dem nächsten Beispiele in
der langen Kette zu greifen — eigenmächtig den ersten Rückzug
von Gießen nach Frankfurt unternahm und hierdurch die übrigen
Theile des Armeekorps in die größte Gefahr bringen konnte.

Hiergegen helfen alle rabulistischen Redensarten Nichts, sie helfen
aber hier umsoweniger, als die weitere von uns bei Besprechung jenes
Rückzugs erhobene Anklage, welche dessen Motive klar stellte, wohl=
weislich mit völligem Stillschweigen übergangen wird.

Es handelte sich damals nämlich nicht blos darum, daß es Prinz
Wilhelm (die Eigenmächtigkeit wird vollkommen zugegeben) „für
angemessen hielt, sich wieder etwas mehr gegen Süden zurückzu=
ziehen und die Deckung der Mainlinie zu sichern", sondern es
handelte sich in Wahrheit um einen Rückzug nach Baden,

---

*) Es versteht sich von selbst, daß hierin bei den Operationsbefehlen
insofern eine Ausnahme gemacht worden ist, als nur dasjenige berührt wurde, was
die Badenser betraf. Die Befehle, welche darin den Württembergern, Hessen ꝛc.
zukamen, waren natürlich für vorliegenden Zweck durchaus irrelevant.

um aus dem Verbande des achten Armeekorps überhaupt auszuscheiden.

Schon der am 6. Juli in das Hauptquartier des Prinzen Ale=
xander nach Crainfeld gesandte badische Lieutenant hatte gemeldet,
„die badische Division habe ihre Stellung verlassen, um sich hinter
Frankfurt zurückzuziehen." *)

Es konnte dies ebensowenig bestritten werden, als die von uns
mitgetheilte Unterredung zwischen dem Prinzen Wilhelm und dem
Generalmajor Packeny (dem österreichischen Militärbevollmächtigten am
deutschen Bunde), welchem Letzteren sich aus den Aeußerungen des
Prinzen „hinsichtlich der Bedrohung der badischen Landes=
grenzen und der dadurch nothwendigen Sicherung die Vermuthung
der Absicht eines weiteren Rückmarsches aufdrängte."

Die Wuth, welche man jetzt wegen jener Conferenz, beziehungs=
weise deren Bekanntwerden auf den vollkommen in seiner Amtspflicht
handelnden General losläßt, ist warlich sehr bezeichnend. Wer aber
noch den leisesten Zweifel darüber hegen wollte, daß in der That die
Deckung der Mainlinie nicht der ursprüngliche Zweck des Rückzugs
gewesen ist, den möge der gleichfalls mit Stillschweigen über=
gangene, unumstößlich richtige Passus der Broschüre hierüber weiter
belehren, daß nämlich schon — den gesammten Verkehr hem=
mende — Anstalten auf der von Frankfurt nach Heidel=
berg führenden Main=Neckarbahn getroffen waren, um

---

*) Wir wollen hier den, einem größeren achtbaren deutschen Blatte am 11. Juli
l. J. zugekommenen Brief eines badischen Militärs, welcher uns im Original
vorgelegt wurde und von dem wir Abschrift genommen haben, umsoweniger näher
berühren, als der Verfasser bei Schilderung der Vorfälle der vorhergehenden Tage
um strengste Discretion hinsichtlich seiner Person gebeten hat und wir nicht wüßten,
ob dieselbe unter allen Umständen zu bewahren wäre, wenn wir ausführlich auf seine
Mittheilungen eingingen. Es soll hier nur erwähnt werden, daß der Verfasser schon
damals und ohne die Aktenstücke zu kennen, auf das Allergenaueste instruirt war und
seine Benachrichtigung, deren Veröffentlichung er „im Interesse der Ehre der badischen
Truppen" wünschte, mit den später durch Zusammenstellung der Aktenstücke gewonne-
nen Resultaten vollkommen übereinstimmt. Neu war uns in jenem Briefe nur die,
freilich nicht durch Aktenstücke festzustellende Notiz, daß Prinz Wilhelm dem in das
Hauptquartier des Prinzen Alexander gesendeten Officiere bemerkt hätte: „Sagen
Sie dem Prinzen von Hessen nicht, daß ich weitere Befehle
erwarte!"

die badische Division in die Heimath zurückzu=
bringen.

Die Ignorirung auch dieses gewichtigen Umstandes ist
zwar sehr bequem, kann aber der unläugbaren Thatsache gegenüber nichts
frommen.

Ob das Geschichtchen, welches der badische Lieutenant gelegentlich
seiner Sendung nach Crainfeld (von dem Fraternisiren preußischer Gens-
barmen mit einem zurückgebliebenen badischen Dragoner in Wetzlar)
mehreren Offizieren des Hauptquartiers erzählte, wahr ist oder nicht,
haben wir selbstverständlich nicht zu vertreten, daß jenem Stückchen
indessen derselbe Geist zu Grunde liegt, der den jenseitigen Herrn Ver=
fasser beseelt, wenn er sagt, die Preußen hätten mit dem achten Armee=
korps kein Blutvergießen gesucht, „am wenigsten (!) mit den Ba=
bauern, die nicht aus Preußenhaß an dem Kriegszuge theilgenommen
hatten" dies erscheint uns außer Zweifel und gibt der Erzählung nur
einen noch glaubhafteren Anstrich.

Ueberhaupt wäre es interessant zu wissen, woher der Herr
Verfasser weiß, daß die Preußen am wenigsten Blutvergießen mit
den Babauern suchten?!

Der Verlauf der Begebenheiten hat allerdings gezeigt, daß er
hierin vollkommen Recht hat und daß Prinz Wilhelm von dem edlen
Gefühle der Gegenseitigkeit in jenem negativen Bestreben beseelt war.

Ob bewußt oder unbewußt, mag — nach solchen offenen
Bekenntnissen Seitens einer Vertheidigung — der unbefangene Leser
entscheiden!

Es ist eine Unwahrheit, wenn jenseits behauptet wird, die
in einer Note auf Seite 7 der Broschüre citirte Meldung des hess.
Lieutenants Zimmermann sei mit dem Datum vom 6. Juli versehen
worden, „um ihr einen anderen Schein zu geben und die Nachrede
plausibel zu machen." Das Datum jener Meldung ist ausdrücklich
als der 21. Juli bezeichnet und die tendenziöse Absicht also auch hier
wieder lediglich auf der Jenseite.

Als die „schmachvollste Verläumdung" wird weiter hin=
gestellt das Berufen auf die „Neue Frankfurter Zeitung", von der wir
in einer Note zwei Artikel zum Abdruck brachten, um zu zeigen, wie
gelegentlich des ersten Rückzugs nach Frankfurt jene Zeitung wider
den Prinzen Wilhelm auftrat. Wir müssen nun gestehen, daß wir der

Logik, welche hierin die „schmachvollste Verläumdung" erblickt, nicht zu folgen im Stande sind, denn für die Richtigkeit jener Artikel haben wir doch warlich keine Garantie zu übernehmen, wenn wir uns zu dem angegebenen Zweck darauf bezogen, was für denjenigen, der auch nur einen oberflächlichen Blick in unsere Broschüre geworfen hat, außer allem Zweifel sein muß.

Wir haben berührt, wie Prinz Wilhelm bei jener Gelegenheit in Frankfurt von der öffentlichen Meinung empfangen wurde und hiebei haben wir mit dem Beweise, **daß jene Artikel damals in Wahrheit in der N. Frankf. Zeitg. erschienen sind,** unserer Schuldigkeit vollständig genügt.

Zu Ehren des inzwischen unterdrückten und seiner beßfallsigen Offenheit halber hochverrätherischer Umtriebe bezüchtigten Blattes *) mag indessen hier die Bemerkung eine Stelle finden, daß wir den dort veröffentlichten Brief nicht so kurzweg als ein „Bubenstück", als „das Machwerk einer elenden Partei" u. s. w. bezeichnen möchten, denn die **dahin** gerichtete Polemik, der Brief sei von dem Offiziercorps dementirt worden, ist ein Schlag in die leere Luft, indem aus dem **Inhalt des Briefes selbst folgt,** daß derselbe sich gar nicht als von einem Officier geschrieben darstellt.

Es heißt am Schlusse wörtlich:

---

*) Die vom badischen Bundestagsgesandten v. Mohl an den Frankfurter Senat gelangte Mittheilung vom 7. Juli sagt im Wesentlichen: Die N. F. Z. habe sich durch die Notiz bezüglich des Prinzen Wilhelm in Nr. 185 einer **verrätherischen Handlung** schuldig gemacht. Sie habe das **schwere Verbrechen** begangen, durch Verbreitung dieser Mittheilung und durch Anheftung derselben an den Straßenecken (wovon sich der Bundestagsgesandte selbst überzeugt habe) das badische Armeecorps **zur Meuterei** aufgefordert zu haben. Die badische Regierung verlange **Bestrafung dieses Verbrechens.** Sie würde, falls der Senat nicht die geeigneten Maßregeln treffe, sich genöthigt sehen, **den Kriegszustand** über **Frankfurt zu verhängen!!**

In ganz anderem Sinne soll dagegen das **Schriftstück** gelautet haben, welches derselbe Bundestagsgesandte über dieselbe Angelegenheit alsbald nach Karlsruhe an die dortige Regierung gesandt hat!

Es wäre hiernach ein wesentlicher Unterschied zwischen seiner persönlichen Auffassung und derjenigen, welche er als Gesandter als die seiner Regierung bezeichnen zu müssen glaubte.

Und dies unter dem rasch vorgeschobenen aber auch ebenso rasch wieder entfernten Ministerium **Edelsheim!**

„Betonen Sie es insbesondere der Bevölkerung von Frankfurt, deren herzliche Aufnahme uns als Bürgschaft ihrer Sympathien unvergeßlich bleiben wird, daß nicht minder als wir, unsere braven und ehrenwerthen Officiere, für welche wir unser Leben gerne in die Schanze schlagen, die Schmach dieses eigenmächtigen Rückzugs tief empfinden 2c."

Der Briefschreiber stellt sich hiernach ausdrücklich als Nicht-Offizier hin und wenn auch wirklich dessen Regiment damals nicht gerade in Vilbel gestanden hätte, so folgt daraus doch immerhin noch keineswegs, daß der Brief nicht in Vilbel zur Post gegeben sein kann. Wir müssen deßhalb auch in dieser Hinsicht die jenseitige Entgegnung als werthlos und nur zur Irreleitung unaufmerksamer Leser erdacht bezeichnen, so wenig wir, wie bereits oben erwähnt, für die Richtigkeit des besagten Briefes einzustehen haben.

Wenn die damaligen, jetzt an einem neuen Blatte beschäftigten Redakteure zu solchen Angriffen schweigen, so tragen hieran offenbar die trostlosen Preßverhältnisse Badens die alleinige Schuld, indem man nicht gerne wegen eines einzelnen Artikels das Verbot einer ganzen Zeitung riskirt.

Daß ferner alles dasjenige, was über das Verhalten der badischen Division in Gießen und Wetzlar ausgeführt wurde, buchstäblich wahr ist, dafür kann der Beweis leicht erbracht werden, und wenn man sich kurzerhand darüber hinaus „lächeln" will und sagt, „das achte Armeecorps sei ja überhaupt von den kleinen preußischen Abtheilungen einen ganzen Monat hindurch in den April geschickt worden," so kommt man auch hiermit nicht aus, nachdem diesseits behauptet worden ist (was man aber gleichfalls ignorirt), daß die badische Division von den Behörden sehr genau über den Stand der Dinge in Kenntniß gesetzt worden war.

Die von badischen Offizieren laut getadelte Spielerei in allen damals getroffenen Anordnungen, die Nichtgefangennahme der in Betzdorf stationirten 120 preußischen Jäger und Pionniere, welche sich bei dem Aufenthalt der Badenser zu Wetzlar in den dortigen Dom flüchteten, sucht man gleichfalls durch Todschweigen zu entkräften!

Daß bei Aschaffenburg den kämpfenden Bundesgenossen die Unterstützung verweigert wurde, wird jenseits zwar zugegeben, dabei aber eingewandt, die durch einen Oberlieutenant erbetene Hülfe könne kein Grund sein, in das Gefecht einzugreifen, und seine Stellung zu verlassen. Auch hier wird absichtlich übersehen, daß nicht allein besagter Oberlieutenant, sondern der Souschef des Generalstabs, der badische Major Kraus, bei dem Commandeur der betreffenden badischen Abtheilung Hülfe requirirte, aber von diesem die Antwort erhielt, Prinz Wilhelm habe keinerlei Befehl hiezu ertheilt und von diesem habe man allein Befehle anzunehmen!

Wie dies zu deuten ist und ob unter allen anderen Verhältnissen die so dringend nothwendige Unterstützung von irgend einem General verweigert worden wäre, darüber sind wir keinen Augenblick zweifelhaft.

Noch wunderlicher ist aber in der That die Entschuldigung, welche darüber beigebracht wird, daß Prinz Wilhelm den ihm auf dem Bahnhof zu Babenhausen von dem Prinzen Alexander ertheilten Befehl, die in Stockstadt eingerückten preußischen Abtheilungen aus jenem Orte wieder zu vertreiben, einfach unberücksichtigt gelassen habe, wiewohl er dessen Ausführung ausdrücklich zugesagt.

Auch diese gravirende Anklage wird zugestanden, es wird nur bemerkt, „jener Befehl sei in keiner Ordre niedergelegt worden (!)" und — so wird wörtlich fortgefahren — „wir denken auch, es waren noch mehrere andere Divisionen vorhanden, welche die Preußen vertreiben oder zurückhalten konnten, wenn es ihnen räthlich gewesen wäre, vor der Vereinigung mit den Bayern sich in einen ernstlichen (!) Kampf einzulassen."

Daß der Befehl des Prinzen Alexander den Verhältnissen nach in keiner schriftlichen Ordre ausgefertigt werden konnte, versteht sich von selbst, mit derselben Entschuldigung wäre aber jeder Befehl bei, vor oder nach irgend einem Gefechte oder gar einer Schlacht absolut bedeutungslos, weil man da bekanntlich niemals Papier und Tinte sofort zur Hand hat, und wir dürfen deshalb über eine solch' absurde Ausrede ohne weitere Bemerkung hinweggehen. Was aber nun deren zweiten Theil anbelangt, daß ja noch andere Divisionen, wenn es ihnen räthlich geschienen hätte, zur Vertreibung der Preußen disponibel gewesen seien, so ist dies Nichts Anderes als das Aufgeben eines jeden Gehorsams, als das Predigen einer totalen Anarchie in dem militärischen Organismus.

Wir sehen deßhalb ganz davon ab, ob wirklich noch andere Divisionen gerade in jenem Augenblicke an geeigneter Stelle parat waren, wir sagen vielmehr einfach), Prinz Wilhelm hätte den ihm gewordenen Befehl ausführen müssen, gleichviel ob er ihm „räthlich" erschien oder nicht!

Wie sehr die Nichtausführung gefahrbrohend für das achte Armeecorps war, hat die Folge bewiesen, wie wir Seite 19 und 20 der Broschüre berichteten: Das Hauptquartier war der Gefangenschaft preisgegeben und mußte, um ihr zu entgehen, eiligst in der Nacht allarmirt werden.

Unser Gegner kommt nun auf das Gefecht bei Hundheim zu sprechen und sucht hiebei „das Pamphlet" mit einigen unwahren Floskeln abzuschwächen.

Es steht hier Aussage gegen Aussage, ob aber die jenseitige Behauptung, daß die schwächeren Badenser sich damals vor den stärkeren Preußen zurückziehen mußten, wahr ist oder nicht, dafür möchten wir denn doch ein inzwischen veröffentlichtes Tapferkeits-Zeugniß citiren, mit welchem General von Manteuffel das mit den Preußen verbündete Coburgische Contingent in die Heimath entlassen hat. Es heißt dort von jenen Truppen:

„Sie haben bei Langensalza wie bei Hundheim mit größter Bravour gefochten und in letzterem Gefechte nur im Vereine mit weniger Cavallerie und Artillerie den weit überlegenen Gegner in die Flucht geschlagen."

General von Manteuffel hat hier leider nur allzu wahr geredet, die Bramarbasade liegt aber darin, daß der Unkundige glauben muß, den Coburgern gebühre bei der erwähnten Heldenthat auch nur das leiseste Verdienst. Hätte das badische Militär handeln dürfen, wie es gewollt hat, die citirte Stelle jenes Tapferkeits-Zeugnisses wäre sicherlich weggeblieben!

Was das viel erwähnte Telegramm des Großherzogs von Baden nach dem Treffen bei Hundheim betrifft, so ist die Hartnäckigkeit, mit der man sich daran klammert, daß dabei über ein Wort Zweifel entstanden, der größte Triumph für die Richtigkeit der Aktenstücke. Es genügt hier, nochmals zu constatiren, daß der Zweifel, ob der Eingang dieses Telegramms „Aus Preußen" oder „Aus Buchen" heißen soll, in sämmtlichen in Deutschland vertriebenen Exemplaren vor Erscheinen der ersten Auflage erhoben worden, daß dieser Zweifel für die Sachlage aber völlig gleichgültig ist, da wir ja sofort bemerkten,

„aus Preußen" könne unmöglich richtig sein und unsere daran geknüpfte
Supposition nur bestärkt wurde, als wir fanden, daß auch die Lesart
„Aus Buchen" möglich sei, da dieser Ort damals „innerhalb des von
den Preußen occupirten Terrains lag," eine Thatsache, die jetzt ganz
grundlos zu bestreiten versucht wird.

Der Schwerpunkt jenes Telegramms liegt aber gar nicht einmal
in der Erwägung, woher dem Großherzog die Nachricht über das
Treffen zuerst zukam, es genügt uns zu wissen, daß dies nicht von
dem Prinzen Wilhelm geschah. Der Schwerpunkt des Telegrammes
liegt vielmehr in dessen Fassung, aus der ein offenbares ungläubiges
Staunen des Großherzogs über ein zwischen Badensern und Preußen
stattgehabtes Treffen hervorgeht.

Die Entgegnung arbeitet uns aber immer mehr in die Hände,
wenn sie auch das Preisgeben des wichtigen Punktes Wertheim zugibt
und hieran folgenden Satz reiht:

„Nach Wertheim zu rücken, um sich dort festzusetzen, war der
Division nicht befohlen worden. Wenn es aber auch ursprüng=
lich beabsichtigt gewesen wäre, so wär' es doch als höhere
Pflicht des Prinzen Wilhelm erschienen, seine Division nicht
unnützem Blutvergießen hinzugeben, denn inzwischen hatte sich
die Sachlage gänzlich verändert und erschien die Fortsetzung des
Kampfes nur noch als leichtsinnige, unverantwortliche Menschen=
schlächterei."

Hier haben wir endlich einmal nackt und unverholen des Pudels
Kern! Es wird hier geradezu direkt eingeräumt, daß die Bundesge=
nossenschaft mit dem achten Armeecorps, die man doch bis zu dem
plötzlichen Abzug für eine ernstliche ausgab, nur noch eine schein=
bare war, daß man, um nicht unnützes Blut zu vergießen und um
nicht zum leichtsinnigen, unverantwortlichen Menschenschlächter zu werden,
überhaupt nicht mehr an der Aktion Theil nehmen wollte, trotzdem die=
selbe noch in vollem Gange war, trotzdem den Tag nach Hundheim, am
24. Juli, die Württemberger das äußerst heftige Gefecht bei Tauber=
bischofsheim zu bestehen hatten und trotzdem die Badenser selbst am
nämlichen 24. Juli noch bei Werbach einige Schüsse mit den Preußen
wechselten, um sich dann in dem bekannten überaus eiligen Rückzug
nach Oberaltertheim zu begeben.

Die Affaire bei Werbach war also nur eitler Schein und findet unſere beßfallſige Vermuthung durch den jenſeitigen Defenſor ſelbſt bie eclatanteſte Beſtätigung.

An Hand ſolcher Auffaſſung begreifen wir, warum den Bayern am 25. Juli nicht geholfen wurde, woburch jene ominöſe Rüge des Prinzen Carl in das Hauptquartier des achten Armeecorps gelangte, jetzt begreifen wir auch, weßhalb bie Babenſer plötzlich aus den Reihen des achten Armeecorps abberufen wurden und ausſchieben, **während daſſelbe noch in vollem Kriegszuſtand befinblich war und dem Feinde kampfbereit gegenüberſtanb***).

Die Brücke bei Marktſteft wurde bei bieſer Gelegenheit zugeſtan= benermaßen in der Weiſe vernichtet, baß der babiſche Brückenzug mitten aus derſelben herausgenommen wurde, ſo baß, wie wir bereits in der Broſchüre zeigten, ein Uebergang über ben Main im Falle der Ge= ſahr den Bundestruppen **durch bie Babenſer** gerabezu unmöglich gemacht worden iſt!

Wir haben für alles bieſes Gebahren einen ſcharfen, aber den einzig richtigen Ausbruck gewählt, den bie beutſche Sprache kennt „Ver= rath“, und wenn in ernſten Momenten, in denen bas **unbebingte Vertrauen** auf den Bundesgenoſſen bie erſte Bebingung zu einem erſprießlichen gemeinſamen Wirken iſt, wenn in ſolchen Momenten ſchon eine ſogen. „Schaukelpolitik“ Verrath genannt werden muß, ſo möge man entſcheiben, um wie viel mehr wir zu unſerer Benennung berechtigt waren.

Wenn wir dabei von „babiſchem Verrath“ ſprachen, ſo verſteht es ſich ganz von ſelbſt und iſt nach bem Inhalt der Broſchüre nicht zu verkennen, baß dieſer Vorwurf ſich nur auf den Commanbanten ber babiſchen Diviſion, nicht aber auf Officiercorps und Mannſchaft be= ziehen kann**). Der **blinbe** militäriſche Gehorſam, ber leiber von jenem

---

*) In ber Antwortsbepeſche, welche Prinz Alexanber, auf bie Seitens bes Groß= herzogs von Baben erfolgte Abberufung ber babiſchen Truppen aus dem Armeecorps= verbanb, an letzteren Souverän richtete, iſt bieſer Umſtanb **ausbrücklich** hervor= gehoben.

**) Wenn auch einer ober ſogar einige Officiere mit bem Prinzen Wilhelm unter einer Decke ſpielten, ſo war beren Zahl boch jedenfalls verſchwinbend zum Ganzen und es wäre ebenſo ungereimt als ungerecht, ben ehrenwerthen Stanb ber babiſchen Officiere, bem wir bie größte Hochachtung zollen, hiefür verantwortlich machen ober verbächtigen zu wollen.

Commandanten so häufig hintangesetzt wurde, macht den Einzelnen ja willenlos und nur den Führer trifft die Verantwortung. Wenn man heutzutage von „preußischer oder französischer Politik" spricht, so denkt Niemand an das betreffende Volk, sondern selbstrebend nur an einzelne Personen!

Neuerdings geht man nun sogar so weit, die preußischen Sym= pathien des Prinzen Wilhelm zu bemänteln und man sieht dabei ein, wie sehr nothwendig dies für den gegenwärtigen Zweck erscheint; auch dieser Versuch stellt sich indessen als ein durchaus mißlungener dar.

Das von uns in der Broschüre erwähnte Erstaunen, daß Prinz Wilhelm gegen Preußen zu Felde ziehe, hat auch in der jetzt von dem Gegner angerufenen „Allgem. Zeitung" seiner Zeit Ausdruck gefunden, wenn dieselbe sich in ihrer Beilage zu Nr. 173 vom 22. Juni l. J. auf höchst diplomatische Weise von Karlsruhe berichten läßt:

„Das Obercommando führt Prinz Wilhelm von Baden, der Bruder des Großherzogs. Wir freuen uns, Ihnen diese Thatsache, deren Bedeutung für unsere inneren Verhältnisse nicht zu unterschätzen ist, in positiver Weise berichten zu können."

Wer zwischen den Zeilen zu lesen versteht, weiß, was das heißen soll! Prinz Wilhelm hat sich aber selbst unmittelbar nach dem Feldzuge durchaus nicht gescheut, seine preußenfreundlichen Tendenzen offen zur Schau zu tragen und gewissermaßen mit denselben zu kokettiren, wenn er z. B. nach Heidelberg reiste, um in ostensibler Weise an Zweckessen siegreicher „feindlicher" Officiere theilzunehmen! Wie er hierbei eine ehrliche und ernstliche Theilnahme am Kampfe motiviren will, ist uns schwer erfindlich.

In der „Allgem. Zeitung" ist bereits auf ausführlichere militärische Schriften aufmerksam gemacht worden, die demnächst erscheinen werden. Es geht aus dieser etwas unvorsichtigen Hinweisung hervor, daß der= artige literarische Erzeugnisse mit einander im Zusammenhange stehen und sicherlich nicht ohne eine und dieselbe Censur die Presse verlassen.

Man will offenbar mit der Massenhaftigkeit und Verschiedenartig= keit der Abwehr die wahre Sachlage verrücken und während man in der Allgemeinen Zeitung für den Laien schrieb und in überaus ver= fehlter Weise versuchte, mit einigen massiven Schmähreden die miß=

liebige Anklage mit Knüppeln zu beseitigen, kommt uns soeben eine zweite polemische Schrift zu Gesicht, welche den Titel führt: „Mit= theilung von Thatsachen zur Beleuchtung der angeblichen „„Enthüllungen““ über den badischen Verrath.“ Für uns ist diese in Karlsruhe erschienene Schrift um deßwillen gänzlich werth= los, weil sie gleichfalls sämmtliche Aktenstücke als ächt nachgibt und nur den Zweck hat, den ständigen Ungehorsam des Prinzen Wilhelm damit zu entschuldigen und zu vertheidigen, daß der Oberbefehl zweck= widrige Anordnungen getroffen habe*).

Die Schrift soll offenbar für das militärische Publikum geschrieben sein, doch möchten wir sehr bezweifeln, ob man dort mit solchen gegen den ersten Cardinalsatz der militärischen Principien verstoßenden De= ductionen ausreicht.

Sätze wie Seite 11: „Es war in der That eine falsche Rücksicht, solchen Befehlen gegenüber noch ein höheres Commando zu behalten,“ dürften in ihren Consequenzen doch allzu gewagt sein, als daß sie in militärischen Kreisen irgendwie verfangen könnten.

Der in jener Schrift verherrlichte principielle Ungehorsam ist im Kriege, wo man auf pünktlichste Einhaltung aller Befehle rechnen muß, gar Nichts Anderes als Verrath und wenn auch wirklich die dem Prinzen Wilhelm gewordenen Befehle stets so mangelhaft gewesen wären, als man es uns jetzt glauben machen will, so ist er durch

---

*) Welche Bedeutung die Schrift hat, möge daraus hervorgehen, daß sie auf ihrer ersten Seite von dem Satze ausgeht, die Erklärungen des Prinzen Alexander und des Generals v. Bauer hätten der Broschüre bereits die Spitze abgebrochen!! Nun bitten wir aber Jedermann, diese Erklärungen zu lesen, ob darin auch nur ein ein= ziges Wort enthalten ist, was in der Sache ein Jota ändern könnte. Prinz Alexander ist nur mit der Form der Broschüre nicht einverstanden und General v. Bauer be= zeugt sein Beileid über die dem hohen badischen Herrn verursachte Kümmerniß! Kein Wort davon, daß auch nur ein einziges Factum der Broschüre dementirt werde, was doch sonst wohl sehr bereitwillig geschehen wäre und auf Verlangen gar nicht hätte verweigert werden können!

Auch über die mannichfachen persönlichen Invectiven der Schrift gehen wir mit Verachtung hinweg. Wenn der Hr. Verfasser z. B. nicht glauben kann, daß Jemand schreiben könne, „ohne im Sold einer Partei zu stehen“, so ist dies lediglich charak= teristisch für ihn und die Motive seines Auftretens, wenn es auch nicht gerade eine Partei ist, für die er sich in so gänzlich mißlungener Weise ereifert hat.

deren einfache consequente Nichtbefolgung keineswegs entschuldigt, er hätte sich dann nicht weiter den Schein des Gehorsamen geben dürfen, sondern offen hervortreten und eventuell sein Commando niederlegen müssen.

Was den Oberbefehl betrifft, so weise man ihm seine Fehler nach, wir werden im Interesse der Wahrheit eine vollständige Klärung nur freudig begrüßen; wir haben in unserer Broschüre ausdrücklich gesagt, keine Vertheidigung, sondern eine Anklage schreiben zu wollen und wir haben dieselbe dahin gerichtet, wo der böse Wille war. Hiezu lagen uns aus eigener Wahrnehmung und aus sofort nachgewiesenen Mittheilungen verschiedener Freunde genügende Beweise vor, während eine eigentliche Kriegsgeschichte — und dies ist die einzige Bemerkung, bezüglich deren wir dem Gegner in der Allgem. Zeitung Recht geben müssen — „einer ausführlichen Darstellung und Kritik vorbehalten bleiben muß, auch dafür das vollständige Material noch lange nicht vorliegt."

Wenn es uns indessen gestattet ist, hier mit einem Worte die einzige Entschuldigung zu beleuchten, die man für den „Verrath" beizubringen vermochte, indem man sich nur für einen rationell „Ungehorsamen" auszugeben bemüht, so wird hiergegen die Bemerkung genügen, daß man auf badischer Seite schon „ungehorsam" war, ehe die eigentlichen Operationen des achten Armeecorps nur begonnen hatten. Dieselben datiren nämlich leider erst vom 2. Juli mit dem Vormarsch von Friedberg in den Vogelsberg (und trug an dieser Verzögerung das verspätete Eintreffen der badischen Division eine wesentliche Schuld). Damals hatten aber bereits Seitens der Badenser die traurigen Vorfälle in Wetzlar statt, am 2. Juli erfolgte der Einmarsch in Gießen und schon am 6. der Rückzug nach Frankfurt, zu welcher Zeit man sich doch unmöglich von der vorgeschützten Mangelhaftigkeit der Führung schon in solcher Art überzeugt haben konnte, daß man das jetzt gewählte, freilich etwas verzweifelte Vertheidigungsmittel, den Ungehorsam, mit einigem Schein für motivirt halten könnte.

In welcher Weise überdies in der zuletzt genannten Broschüre die „Thatsachen" beliebig zurecht gelegt werden, um die Zweckwidrigkeit der Befehle zu beweisen, geht u. A. daraus hervor, daß z. B. auf Seite 11 die Entfernung von Butzbach oder Gießen nach Crainfeld (wohin nota bene das Hauptquartier erst am 6. Juli verlegt wurde!) auf 9 resp. 12 Meilen berechnet ist, während in der That die Hälfte jener Ziffern der Wahrheit weit entsprechender wäre!

Während man uns in der Allgemeinen Zeitung vorwirft, die Broschüre wolle bloß die Schuld vom Prinzen Alexander abnehmen, hat dieser selbst die Schrift mißbilligt. Wir brauchen aber wohl kaum zu bemerken, daß wenn aus dem Inhalt der objectiv wieder= gegebenen aktenmäßigen Facta der eigentlich Schuldige mit zwingender logischer Nothwendigkeit gekennzeichnet wird, dieß doch warlich nicht auf unsere, sondern allein auf Rechnung des Letzteren kommen kann.

Bei der wirklich staunenswerthen Naivetät indessen, mit der die von uns zuletzt erwähnte Schrift ihren Zweck ganz offen ankündigt, für den Prinzen Wilhelm einen Ersatzmann zu suchen, müssen wir um so entschiedener ein uns zugeschriebenes gleiches Streben, in= soweit der Oberbefehl des Prinzen Alexander in Frage ist, zurück= weisen.

Wir wollen bloß Gerechtigkeit, wir wissen wohl, daß die Kriegsgeschichte über den jüngsten Feldzug noch nicht abgeschlossen sein kann, und daß wir nur einen Theil derselben geschrieben haben, wenn wir in offener Sprache einen Krebsschaden bloßlegten, an dem die Operationen der Bundestruppen von Anbeginn an krankten.

Es führt uns dies auch auf den vielgehörten Einwand, nach der Schlacht bei Königsgrätz sei die Sache ja doch entschieden gewesen, weßhalb da noch jedes weitere Kriegführen oder in officielles badisches Deutsch übersetzt, „Blutvergießen?"

Einestheils beruht diese Ausrede auf einem unverkennbaren Anachronismus, anderntheils auf einer groben Verwechselung zweier ganz verschiedenen Dinge.

Für's Erste wußte man nämlich zu jener Zeit, um die es sich hier handelt, noch nicht, daß Oesterreich eine zweite Schlacht nicht liefern wolle oder könne, zum Zweiten ist aber gerade in vorliegendem Falle der politische und der militärische Gesichtspunkt ein scharf ge= schiedener.

Bezeichnete Königsgrätz das letzte kriegerische Auftreten Oesterreichs in dem jüngsten Kampfe, dann war es klar, daß die Bundestruppen

allein auf die Dauer mit Preußen nicht kämpfen konnten, der poli=
tische Ausgang des Krieges war entschieden. Wir wollen hierbei
gänzlich ununtersucht lassen, ob Oesterreich eine zweite Schlacht nicht
in der That geschlagen, wenn es sich von den Bundestruppen in
energischer Weise unterstützt gesehen hätte? Denn von diesen Fragen
wesentlich verschieden ist die Erwägung, ob die Bundestruppen bei dem
guten Willen aller Factoren nicht den ihnen gegenüberstehenden Preußen
in militärischer Hinsicht mehr zu imponiren vermocht hätten, als
dies leider der Fall war, es ist dies die Frage der militärischen
Ehre, die bei einer Argumentation, wie der oben erwähnten, voll=
kommen in die Schanze geschlagen wird, so sehr die braven Bundes=
truppen, auf deren Kosten solche Raisonnements kommen, jener Ehre
werth erschienen.

In der Broschüren=Literatur, welche neben tausenden von Zeitungs=
artikeln inzwischen über den „badischen Verrath“ erwachsen ist, hat sich
der in der A. Z. bereits aufgetretene räthselhafte Herr H..n gleich=
falls betheiligen, resp. verewigen zu müssen geglaubt. Der Sinn oder
bezeichnender geredet der Unsinn, welcher uns in der A. Z. aufge=
tischt wird, findet hier unter dem Titel „Badische Antwort auf
das Pamphlet über den angeblichen bad. Verrath“ ledig=
lich eine größere Ausdehnung in der gleichen, früher beliebten so
überaus anständigen Form. Wir stoßen hier auf dieselben Jere=
miaden über den schändlich geschmähten Bluntschli, auf dasselbe Zeter=
mordiogeschrei über die infame Lüge, daß die Karlsruher Ztg. stenogra=
phische Berichte bringe und ähnliche an sich ganz gleichgültige Dinge,
die mit der Hauptsache gar nichts zu schaffen haben, so unwiderlegbar
sie auch immerhin sind. Der ehrenwerthe Verfasser leistet auch in seiner
Broschüre nicht allein an Schimpfreden, in welcher Beziehung ihn
die freimüthigste Sorte der Straßenjugend füglich beneiden könnte, son=
dern namentlich auch an Entstellungen und willkürlichen Verdrehungen
aller Art das Erstaunlichste. So behauptet er z. B. auf Seite 29,
wir hätten in der Broschüre selbst zugestanden, der Prinz Wilhelm
sei hinsichtlich der feindlichen Operationen in vollkom=
menster Ungewißheit gewesen! Hieran werden nun auf Seite
30 Schlußfolgerungen über „Widersprüche, gänzliche Halt=
losigkeit der Beweisführung“ geknüpft, so daß wir uns ver=
anlaßt sehen, einfach dasjenige abzudrucken, was wir in der Broschüre

über jene angebliche „Unwissenheit" des Prinzen Wilhelm gesagt hatten. Es heißt daselbst Seite 16 wörtlich: „In den maßgebenden militärischen Kreisen war man damals noch der Ansicht, Prinz Wilhelm befinde sich hinsichtlich aller feindlichen Operationen in vollkommenster Unwissenheit."

Hieraus wird nun ein Zugeständniß unsererseits gefolgert, diese Unwissenheit habe in der That bestanden, während doch aus jenem Satze unverkennbar das direkte Gegentheil gefolgert werden muß!! Ist mit solchen Gegnern überhaupt ein ehrlicher Streit denkbar?! Neue Gedanken (wenn von solchen in der A. Z. überhaupt geredet werden könnte) bringt die Broschüre nicht. Als eine lediglich aufgewärmte und gestreckte Wassersuppe macht sie auch aus ihren überwallenden preußenfreundlichen Gesinnungen selbst zur Zeit des Krieges nicht den geringsten Hehl. Zur Verherrlichung des Feldherrntalentes des Prinzen Wilhelm und daß derselbe der einzige Prinz gewesen sei, welcher sich seiner Aufgabe gewachsen gezeigt habe, erzählt uns dessen enragirter Vertheidiger auf Seite 13 mit einiger Naivetät, Prinz Wilhelm habe in Berlin bei den preußischen Capacitäten, die jetzt so großartige Erfolge erzielt, seine vortreffliche militärische Bildung erhalten! (Wir hätten hiergegen Nichts einzuwenden, wenn nicht bei jeder Gelegenheit ein allzuweit gehendes Gefühl der Dankbarkeit für solche Wohlthaten zu Tage getreten wäre.) Auf Seite 33 versteigt sich die Broschüre zu dem denkwürdigen Satze: „Es würde die Preußen sogar nicht geehrt haben, wenn sie gegen die Badener dieselbe Kriegslust gezeigt hätten, wie gegen die übrigen Bundestruppen, deren Fürsten und Regierungen sich allezeit reaktionär, österreichisch und preußenfeindlich gezeigt hatten!!"

Den Württembergern wird auf Seite 44 schulmeisternd bemerkt, sie hätten bei Tauberbischofsheim „jedenfalls ebenfalls gescheidter gethan — ihre Leute nicht nutzlos zu opfern!"

Angesichts solcher gemüthlicher Anschauungen, welche in den veröffentlichten Aktenstücken überdies nichts finden wollen, als „alberne Fraubasereien", trotzdem man diese Fraubasereien mit keiner Sylbe zu entkräften im Stande war, dürfen wir wohl auf jede weitere Widerlegung dieser nur aus der A. Z. wiedergekauten und deßhalb hinlänglich analysirten Broschüre verzichten.

Ein viertes Elaborat, welches sich, wenn auch nur sehr vorüber=
gehend, mit uns beschäftigt, obgleich es uns auf dem Titel mit einer
„gründlichen Abfertigung" gedroht hat, ist in drei Lieferungen erschie=
nen und heißt: „Der Antheil der badischen Feldbivision
an dem Kriege des Jahres 1866 in Deutschland."

Wir lesen nun in den Zeitungen, daß diese Schrift große Miß=
stimmung in dem eigenen Lager hervorgerufen und die strengsten Maß=
regeln wider ihre militärische Autorschaft nach sich gezogen hat.

Da dieselbe hiernach mit den andern Schriften nicht zusammen=
hängt, da wir sogar in letzteren wider deren Angaben polemisirt
und dieselben als „grundfalsch" signalisirt sehen, so hat diese (wie
erwähnt nur sehr beiläufig unseren Enthüllungen Rücksicht schenkende)
Broschüre hier nur einen untergeordneten Werth.

Ihre Angriffe und Ausstellungen, die sich gleichfalls mit keiner
Sylbe gegen die Aktenstücke richten, werden meist durch unsere
dermalige Polemik wider die anderen Schriften gleichfalls in das rich=
tige Licht gestellt und wir können nur, trotz der feindlichen Absicht der
Jenseite, unser Bedauern nicht unterdrücken, daß man heutzutage in
Baden wider eine im Ganzen so ruhig und gemäßigt gehaltene Aus=
einandersetzung der Verhältnisse in der geschehenen Weise mit Feuer
und Schwert selbst gegen den Freund auftritt, wenn derselbe sich hie
und da in bescheidenster Form einmal erlaubt, ein Vorkommniß oder
eine Einrichtung für bedauerlich oder doch für nicht zweckentsprechend
zu halten.

Man scheint eben in Baden keinerlei, auch nicht den leisesten Tadel
hören zu können und hiernach sind wir denn im Stande zu begreifen,
weßhalb in jenem Lande gegen unsere „Enthüllungen" ein Criminal=
proceß wegen der durch dieselben angeblich begangenen größten Staats=
verbrechen anhängig gemacht worden ist, so daß man darob in dem
übrigen Deutschland neben gerechtem Staunen auch in einige Heiter=
keit versetzt werden mußte.

Man möge sich in Baden an betreffender Stelle gefälligst selbst
anklagen, anstatt diejenigen zu verfolgen, welche die Wahrheit zu
sagen sich nicht gescheut haben!

Bevor wir uns nun zu einer Beurtheilung der officiellen
Broschüre wenden, die nach unglaublich langer Zeit denn doch noch

das Licht der Welt erblicken sollte, dürfen wir der Vollständigkeit halber ein sechstes Preßerzeugniß nicht völlig unberücksichtigt lassen.

Nachdem wir nämlich oben bereits bemerkten, man suche jetzt in Baden die erhobene Anklage durch die Massenhaftigkeit von gegnerischen Schriftwerken zu schwächen, so möchten wir hierbei den Verdacht aussprechen, daß auch ein Schriftchen mit diesem System in Zusammenhang zu bringen ist, welches „für sechs Kreuzer" colportirt wird, auf seinem Titel ein Schlachtengemälde trägt und mit dem viel versprechenden Namen „Geschichte des Feldzugs in Deutschland und Italien im Jahre 1866" offenbar für das ungebildetere Lesepublikum bestimmt ist. Gedruckt ist das Werkchen in Reutlingen (also in Württemberg) und verlegt in Frankfurt a. M., so daß hiermit allerdings jeder Hinweis auf einen badischen Verfasser vermieden wurde. Wir vermögen einen solchen Hinweis auch nicht zu begründen, es ist uns nur im höchsten Grade auffallend, wie stets die Thaten der badischen Division ganz besonders gelobt und hervorgehoben werden. Auf Wahrheit kommt es dabei natürlich nicht an, in welcher Hinsicht wir wohl eine Stelle zum Abdruck bringen dürfen.

Es heißt dort nämlich u. A.:

„Die am 24. bei Werbach im Kampfe gewesenen badischen Truppen sollten am andern Tage das unterbrochene Gefecht wieder aufnehmen und gegen Werbach vorgehen, doch Nachmittags rückten starke preußische Kolonnen in der rechten Flanke vor, welche die Badenser nöthigten, hinter Oberalterheim zurückzugehen und dort Stellung zu nehmen. Inzwischen hatte sich bei Gerchsheim gegen den Kisterwald ein starkes blutiges Gefecht zwischen Bayern, Württembergern, Badensern und Hessen gegen Preußen entsponnen. Von Badensern waren Theile des 1. und 3. Dragonerregiments, namentlich aber Artillerie im Gefecht, von württembergischer Seite nur Artillerie. Die süddeutschen Truppen schlugen sich ausgezeichnet, ihre Artillerie fügte den Preußen großen Schaden bei. Eine badische Batterie ließ preußische Kürassiere ziemlich nahe an sich heransprengen, dann aber richtete sie ein Kartätschenfeuer gegen dieselben, das schreckliche Verheerungen anstellte. Ganze Haufen von todten Pferden lagen wie ein Wall da und bezeichneten die Spitzen des angreifenden Regiments. Der Geschützkampf zog sich nach und nach auf die Höhe, neue badische Batterien nahmen am Gefechte Antheil. Das preußische Geschützfeuer

wurde zusehends schwächer. Den mit eintretender Dämmerung an=
rückenden feindlichen Schützen wurden 2 Kompagnieen des badischen
Leib=Grenadierregiments entgegengeworfen; nach und nach zogen die
Bundestruppen ab und bezogen bei Kist ein Bivouak. Der Verlust
der Badenser belief sich auf 2 verwundete Dragoner, derjenige der
Württemberger auf 12 Mann, die Preußen hatten bedeutendere Ver=
luste erlitten."

Daß hier bezüglich des Verhaltens der badischen Division fast so
viele Unwahrheiten als Worte vorfindlich sind, dürfte jedem Leser
wohl hinreichend bekannt sein!

II.

Soweit lag vorstehende Entgegnung schon längst fertig da, als endlich, endlich denn nun auch die officielle badische Broschüre unter dem Titel — „Zur Beurtheilung des Verhaltens der ba= dischen Felddivision im Feldzuge des Jahres 1866. Nach authentischen Quellen" — die langen Geburtswehen über= standen hat.

Die vielversprechendsten Ankündigungen hatten schon vor geraumer Zeit die Neugierde des Publikums rege zu machen gesucht; so war u. A. darin zu lesen, daß Prinz Wilhelm in eigener Person der intellectuelle Urheber der Schrift sei und bei alledem erschien nur zu verwundern, daß man Dasjenige, was man jenseits vorzutragen hatte, nicht rasch und ungesäumt der Oeffentlichkeit übergab. Statt dessen war man genöthigt, das Publikum einer so sehr schweren Geduleprobe zu unterwerfen, und wenn bei Manchem dadurch die Spannung in der That erhöht worden sein sollte, so müssen wir gestehen, daß uns weder bei den ersten Ankündigungen, noch während der ganzen späteren sechswöchentlichen Zeit des Wartens auch nur die leiseste Spur von Ungeduld oder Neugierde angewandelt hat, da wir eben zu be= stimmt wußten, daß auch in der officiellen Broschüre, ebenso wie in ihren Vorläuferinnen, nicht das Geringste enthalten sein konnte, was die „Enthüllungen" nur ent= fernt zu entkräften oder erschüttern geeignet wäre.

Die große Zeitversäumniß im Erscheinen der Broschüre kommt lediglich und allein auf Rechnung der peinlichen Verlegenheit, wie man sich jenseits nur einigermaßen plausibel aus der Affaire ziehen könne und es mag dazu allerdings viel „officielles" Nachdenken und Kopf= zerbrechen erforderlich gewesen sein.

Aber trotz Aufbietens aller disponiblen Kräfte, trotz Inspirirens, Corrigirens und Revibirens aus den hohen und höchsten Sphären ist

wenn je, so gerade diesmal von den kreisenden Bergen nur eine kleine
Maus geboren worden, deren Secirung nicht sonderlich viel Anstren=
gung kosten dürfte.

Als Prinz Wilhelm Ende Juli d. J. in einer so überaus im=
provisirten Art seine seitherigen „Kampfgenossen" verließ und in der
badischen Hauptstadt bereits, einem Triumphator gleich, in weihevollen
Proclamationen seinen Ein= oder vielmehr Rückzug zu feiern begann,
da mag ihm allerdings unsere Broschüre das historische „Memento
mori" entgegengedonnert und die hochfliegenden Ideen etwas herab=
gestimmt haben.

Der kleinlaute, einschläfernde Ton, welchen die uns vorliegende
Gegenbroschüre anstimmt, ist hierfür ein deutliches Zeugniß.

Während eine jener Proclamationen des Prinzen z. B. mit Stolz
darauf hinwies, daß die badische Division „in beinahe voller
Zahl" der Heimath wiedergeschenkt sei, sucht man jetzt plötzlich die
Verlustliste als eine möglichst beträchtliche hinzustellen!

Man schlägt ferner nur Hiebe in die leere Luft, wenn man bei
jeder Gelegenheit die Badenser als treffliche Soldaten erscheinen läßt,
indem wir dies niemals bezweifelt, sondern stets anerkannt haben.
Wenn man jenseits dabei schließlich des überaus ehrenden Zeugnisses
gedenken zu müssen glaubt, welches der badischen Artillerie=Abtheilung
zu Mainz ausgestellt wurde, so ist Niemand mehr bereit als wir
zu bestätigen, daß das dort gespendete Lob vollkommen verdient war.
Wir bitten hiebei indessen zu bedenken, daß jene Abtheilung auch nicht
unter dem Befehl des badischen Prinzen stand, sonach jede ihr gegebene
Gelegenheit zur Bravour auch — benutzen konnte!

Die officielle Schrift präsentirt sich eben einfach als eine gemüth=
liche Schilderung „des Verhaltens" der badischen Division, das allent=
halben mit militärisch gehaltenen Floskeln als zweckmäßig zu dedu=
ciren versucht wird.

Daß man dabei wider Befehl verfuhr, wird wegen des höheren
militärischen Verständnisses des Prinzen Wilhelm als gerechtfertigt hin=
gestellt, wozu freilich eine Stelle der Schrift einen eigenthümlichen
Eindruck auf uns gemacht hat. Es heißt nämlich auf Seite 41:

„Unnützes Blutvergießen suchte er (Prinz Wilhelm) zu ver=
meiden, wo solches nach reiflicher Erwägung zu verantworten war.
Sollte dabei ein Irrthum oder Fehler nachgewiesen

werden können, so vergesse man nicht, daß „Irren menschlich ist."

Ueber dieses Geständniß sind wir im Hinblick auf die sonst nach= zuweisen unternommene Infallibilität des badischen Prinzen wahrhaft erstaunt gewesen. Wo das erleuchtetere, wider Befehl handelnde Genie nicht ausreicht, sucht dasselbe eben ein Hinterthürchen — in dem Irrthum!! Und auf diese Weise hat man denn natürlich für Alles eine Ausrede bei der Hand!

Was im Uebrigen die Motivirung der Broschüre anlangt, so wird uns Jedermann Recht geben, wenn wir darauf hinweisen, daß kaum eine Anklage vorgebracht werden kann, gegen die man nicht im stillen Kämmerlein nach acht Wochen des Besinnens einige Ausflüchte und Entschuldigungen auffinden könnte.

Wir sind indessen Gottlob in der Lage, das künstliche Gewebe mit klaren Sätzen zu zerreißen.

Auf den ersten 16 Seiten der Broschüre wird in einer äußerst geschraubten Weise der gegen Befehl vorgenommene Rückzug nach Frankfurt als im Interesse des Armeecorps gelegen und als strategisch im höchsten Grade geboten geschildert.

Wir haben nicht nöthig, uns auf alle diese Gründe einzulassen, wenn wir hier kurz wiederholen, daß es sich — was auch in der officiellen Broschüre mit Stillschweigen übergangen wird — bei jener Veranlassung gar nicht um einen bloßen Rückzug, sondern — worauf wir auf Seite 12 und 13 bereits hinweisen mußten —*) um einen Heimzug nach Baden handelte, womit alle gegnerischen Ausführungen in ihr Nichts zusammenfallen.

Unter Hinweis auf das oben Vorgetragene, namentlich auf die Unterredung des Prinzen Wilhelm mit dem Generalmajor Packeny, haben wir einfach zu constatiren, daß gelegentlich jenes Rückzugs die Direktion der Main=Neckar=Bahn, in Folge telegraphischer Weisung

---

*) Wenn wir überhaupt in der Folge auf ein schon erwähntes Faktum zurück= kommen, so erklärt sich dies aus der, im Interesse der Uebersichtlichkeit gelegenen, getrennten Behandlung der verschiedenen polemischen Schriften. Bei neuen Be= hauptungen der officiellen Broschüre müssen wir deßhalb die Geduld des Lesers hie und da über denselben Gegenstand wiederholt in Anspruch nehmen.

von Karlsruhe, angewiesen war, ihr Material für Truppentrans=
porte, in Frankfurt a. M. bereit zu halten!!

Auch in Heidelberg waren schon alle Anordnungen getroffen,
um badisches Beförderungsmaterial nach Frankfurt a. M. zu schaffen
und einzelne Beamte der badischen Division (wie wir hören solche der
Kriegskasse und der Feldpost) waren bereits aus Frankfurt in Darm=
stadt eingetroffen und sind erst auf plötzlich erhaltene Gegenordre
wieder dorthin zurückgekehrt.

Was können nun, diesen alsbald nachweisbaren Thatsachen gegen=
über, die u. A. eine sofortige Verkehrsstockung der Main=Neckar=Bahn
nach sich zogen, alle die jenseitigen Scheingründe für den so sehr weise
durchdachten Rückzug verfangen?!

Aehnlich verhält es sich mit anderen Ausreden. Die officielle
Broschüre ist wenigstens insoferne ehrlicher als ihre Vorläuferinnen, als
sie hie und da manchmal eine Concession macht, so sehr sie auch gleich
darauf wieder deren Consequenzen zu beseitigen sucht.

So gibt sie z. B. auf Seite 21 zu, „daß es vielleicht (!)
ganz correct gewesen wäre“, wenn vor Aschaffenburg den be=
drängten Waffenbrüdern die von dem badischen Major Kraus und
dem hessischen Oberlieutenant Möller dringend erbetene Hülfe geleistet
worden wäre. Aber — man hätte sich an den Corpscommandanten
oder den Chef seines Stabs wenden sollen!! Wir wissen nicht, wer
hier unter dem Corpscommandanten verstanden ist, hätte aber der
Abtheilungscommandant bereitwillig Hülfe leisten wollen oder
dürfen, und wäre ein Befragen des Corpscommandanten wirk=
lich der einzige Anstand gewesen, warum hat ersterer dieses Befra=
gen nicht angeregt?! Es wurde sich kurzweg auf die Befehle des
Prinzen Wilhelm berufen und dieser war gar nicht an Ort und Stelle.
Aus bis heute noch unaufgeklärtem Grunde erschien er am Morgen
des 14. Juli gegen 9 Uhr plötzlich auf dem Darmstädter Bahnhof
und fuhr mit dem Hauptquartier von dort nach Babenhausen, wo
die betreffenden Theile der badischen Division standen, welche damals
den Aschaffenburg besetzt habenden Truppen gegenüber dieselbe un=
thätige Rolle spielen mußten, wie gegenüber den Bayern am Tage
von Gerchsheim, und wenn jetzt die officielle Broschüre sagt, die trotz
schriftlicher Aufforderung des Prinzen Alexander noch nicht erfolgte

Entschuldigung des Prinzen Wilhelm für letzteres Factum habe bereit gelegen, sei aber wegen Abzugs der Babenser nicht mehr befördert worden, so ist eine solche Vertheidigung doch etwas zu kindlich, als daß man sich lange bei ihr verweilen dürfte.

Bei einem so furchtbar schweren Vorwurf, wie ihn — dem Wortlaute der „Enthüllungen" nach — Prinz Karl von Bayern wider die zweite Division des achten Armeecorps schleuderte, hätte es Ehrensache des badischen Commandeurs sein müssen, so rasch als möglich diesem Vorwurf zu begegnen, ganz gleichgültig ob durch den plötzlichen Abzug der Babenser das factische Verhältniß zum Armeecorps gelöst war oder nicht.

Aber auch abgesehen davon, hätte ja, wenn man sich wirklich nicht gedrungen gefühlt hat, früher mit einer beßfallsigen Erklärung hervorzutreten, die officielle Broschüre noch nachträglich die erwünschteste und passendste Gelegenheit hiezu geboten, daß man aber auch diese günstige Gelegenheit verstreichen ließ, ohne das angeblich „längst vollendete" Aktenstück zu veröffentlichen, scheint uns eben nur dafür zu sprechen, daß eine solche Entschuldigung überhaupt nicht beizubringen ist.

Aber auch offenbare Unwahrheiten läßt sich die officielle Broschüre zu Schulden kommen. So behauptet dieselbe u. A. S. 31 gelegentlich der Besprechung des Werbacher Gefechts, am 24. Juli sei an die zweite Division keinerlei Befehl ergangen. Möglich ist, daß dem Verfasser dieser Worte ein Befehl unbekannt geblieben ist, der an jenem Tage während des Gefechts von einem Officier des Armeecorpsstabes direkt an den badischen Divisionskommandanten mündlich abgegeben ward, des Inhalts, mit einer Brigade die Höhe „Hohestraße" zunächst Impfingen zu besetzen, um je nach Bedürfniß in das Gefecht sowohl bei Tauberbischofsheim, als bei Werbach eingreifen zu können. **Dieser Befehl wurde indessen nicht befolgt!**

Wir kommen auf jene denkwürdigen Tage noch später zurück. Es ist nämlich unsere Absicht, in der Folge noch einige uns zugekommene interessante Data's den früheren Enthüllungen beizufügen.

Wir bemerken indessen hier gleich von Anbeginn, daß dieselben hauptsächlich für diejenigen geschrieben sind, welche nach den veröffentlichten, **auch von der officiellen Broschüre mit keiner Sylbe be=**

3

mentirten Aktenstücken sich bereits ein selbstständiges conclu=
dentes Urtheil in der Sache gebildet haben.

Nach wie vor basirt unsere Anklage auf jenen intakt dastehen=
den Dokumenten, und wer durch sie nicht zu einer Ueberzeugung ge=
langen konnte, für den werden eben auch andere Momente nicht zu
einem sichern Resultate führen.

Wir geben zu, daß bei gar manchen der von uns mitzutheilenden
Thatsachen auch ein weniger rabulistisches Grübeln, als solches den Akten=
stücken gegenüber nothwendig war, hinreicht, um erstere als unver=
fänglich hinzustellen oder doch in einem zweifelhaften Lichte er=
scheinen zu lassen.

Wir legen denselben deßhalb auch bei Weitem nicht das Gewicht
bei, welches die Aktenstücke verdienen, wir haben es in Nachstehendem
vielmehr nur mit einzelnen Gliedern einer großen Kette zu thun, die
aber in ihrem Zusammenhange die Anklage in einer so präg=
nanten Weise commentiren und unterstützen, daß wir dem officiellen
Truggewebe gegenüber ein längeres Schweigen nicht mehr für gerecht=
fertigt hielten.

Wenn wir in der ersten Broschüre ein solches Schweigen beob=
achteten, so geschah dies deßhalb, weil wir uns dort rein auf
den Boden der Akten stellen wollten, Alles dasjenige ängst=
lich vermeidend, was nicht etwa hinsichtlich seiner Wahrheit, sondern
hinsichtlich seiner Beweisfähigkeit irgend welche Anfechtbarkeit er=
leiden könnte.

Der geneigte Leser möge hiernach aber auch nachträglich ent=
scheiden, welches weitere Material uns für unsere Beschuldigung da=
mals schon zu Gebote stand und welche Mäßigung wir im Ver=
hältniß hiezu bei Abfassung unserer ersten Broschüre bewahrt haben.

Man wird sich erinnern, daß sowohl dort, als auch schon in
dieser Schrift die Rede war von den Folgen des von dem Prinzen
Wilhelm kurzer Hand ignorirten Befehls, demzufolge er die am Nach=
mittag des 14. Juli in Stockstadt eingerückten preußischen Abtheilungen
aus diesem Orte wieder vertreiben sollte: Das Hauptquartier wäre
bekanntlich in der Nacht vom 15. auf den 16. Juli beinahe von den
inzwischen auf dem linken Mainufer weiter vorgegangenen Preußen ge=
fangen genommen worden!

Es war nun an dem Abend des 15. Juli, als der von Darm=

ſtabt nach Dieburg fahrende Poſtwagen, der die damals einge=
ſtellte Eiſenbahnverbindung erſetzte, unter der Aufſicht des
Poſtconducteurs Jentſch aus Darmſtadt in Dieburg einfuhr. In
der Nähe des Dieburger Bahnhofs begegnete obiger Poſt=
wagen einer Chaiſe, welche von der entgegengeſetzten
Richtung, alſo von Babenhauſen her kam und einen ba=
diſchen Officier mit ſeinem Burſchen beförderte.

Als beſagte Chaiſe dem Poſtwagen begegnete, wendete ſie um,
und Officier nebſt Burſche fuhren mit dem gegen $\frac{1}{2}$9 Uhr in den
Odenwald weitergehenden Poſtwagen und ſtiegen in Höchſt aus, wo
damals das badiſche Hauptquartier befindlich war.

Poſtconducteur Jentſch iſt, wie alle Zeugen, die wir in der
Folge namhaft machen, zur eidlichen Erhärtung dieſer Aus=
ſage bereit. Erläuternd müſſen wir dazu bemerken, daß um jene
Zeit kein Mann Babenſer mehr in Dieburg ſich befand, dieſer Ort über=
haupt von Truppen gänzlich frei war und auf der Seite, von woher
der badiſche Officier kam, in nächſter Nähe die Preußen ſtanden, welche
denn auch in derſelben Nacht das Hauptquartier des Armeecorps
in Allarm ſetzten.

Wir wollen bei dieſer auffallenden Erſcheinung nicht länger ver=
weilen, ſondern ſofort ein Gegenſtück zu dieſer Geſchichte erzählen,
wodurch dieſelbe weſentlich erhöhte Bedeutung bekommt.

Dieſelbe wird verbürgt von Wendel Schäfer bei der Leib=
Compagnie des 3. heſſiſchen Infanterie-Regiments, welcher während
des Krieges einem im Hauptquartier der heſſiſchen Diviſion befind=
lichen Generalſtabsofficier als Officiersburſche beigegeben war.

Es war an dem Tage nach dem Gefechte bei Tauberbiſchofsheim
(alſo den 25. Juli), nachdem das heſſiſche Hauptquartier am 24. in
Groß-Rinderfeld über Mittag einquartiert war und etwa $\frac{3}{4}$ Stunden
von dieſem Orte — in der Richtung nach Gerchsheim zu — bi=
vouakirt hatte, als Wendel Schäfer gegen 9 Uhr Morgens nach Groß=
Rinderfeld zurücktritt, um zwei Hufeiſen zu holen, die er Tags zuvor
dort zurückgelaſſen hatte und die er für die Pferde ſeines Herrn auf=
bewahren wollte. Groß-Rinderfeld war damals ganz ausgeſtorben,
kein Soldat mehr zu ſehen und auch die Einwohner waren meiſtens
geflohen.

Nachdem Wendel Schäfer ſeinen Zweck glücklich erreicht, war er schon im Begriff zurückzureiten, als plötzlich eine Postchaise in dem Orte einfuhr und Schäfer neben dem Postillon auf dem Bock einen badischen Soldaten sitzen sah. Es erstaunte ihn im höchsten Grade, damals noch Badenser in Groß-Rinderfeld zu sehen, er ritt deßhalb auf die Chaise los und fragte den Soldaten, in dem er einen Officiers-burschen erkannte, was er denn noch hier zu thun hätte und wo er herkäme?

Da der Officier bereits in dem Wirthshaus, vor dem die Chaise hielt, abgestiegen war, so konnte sein Bursche, wahrscheinlich arglos, aus der Schule schwatzen und er that dies, indem er antwortete:

„Ei, wir waren bei den Preußen als Parlamentäre!" — —!

Er fügte hierauf bei, sein Herr habe mit den dortigen Offizieren gesprochen, und er — der Bursche — sei dabei mit verbundenen Augen durch das Lager geführt worden!!

Letzterer hatte eine Fahne in der Hand, ohne daß der in seinen Angaben sehr vorsichtige Wendel Schäfer noch mit Bestimmtheit die Farbe angeben konnte.

Der badische Bursche rieth schließlich seinem hessischen Collegen an, er möge machen, daß er fortkomme, denn da hinten kämen die Preußen, sie rückten hinter ihnen im Walde nach!

Während die Chaise der Badenser trotzdem ruhig vor dem Wirths-hause stehen blieb, ritt Wendel Schäfer auf diese Mittheilung natür-lich eiligst zu seinem Herrn zurück.

Der Tag, an dem diese höchst beachtenswerthe Begegnung statt-hatte, ist derselbe 25. Juli, an dem den Bayern von den Ba-densern die erbetene Hülfe wider die Preußen versagt worden ist.

Wir verweisen in dieser Beziehung auf unsere erste Broschüre und auf einen inzwischen in der „Allgemeinen Zeitung" Nr. 283 am 10. Oktober publicirten Aufsatz „Zur Steuer der Wahrheit," in welchem von unverkennbar officieller bayrischer Seite alle beß-fallsigen Ausführungen unserer Broschüre für unanfechtbar richtig er-klärt sind und der von einer badischen Stimme (dem Herrn H..n) unternommene Versuch einer Ableugnung mit folgenden Worten charak-terisirt wird:

„Man weiß in der That nicht, was man mehr an-

staunen soll: die Verwegenheit, mit welcher notorische
Thatsachen in Abrede gestellt werden wollen, oder
das Uebermaß von Vertrauen in die bayrische Discretion, auf welche man dabei zu rechnen scheint!"

Eine Episode jenes traurigen Vorfalls, bei dem die badische Division trotz dringendster Aufforderung und „obgleich sie" — wie
die Rüge des Prinzen Karl lautete — „der dritten bayrischen
Division ganz nahe stand, keinen Schritt und Schuß
that, um in das Gefecht einzugreifen, als letztgenannte
Division auf das Heftigste vom Feinde angegriffen
wurde — eine charakteristische Episode dieses Vorfalls ist uns von
befreundeter Seite in einem Briefe zugegangen, dessen Wahrheit von
sämmtlichen dabei betheiligten bayrischen Soldaten erwiesen werden kann.

Insoweit wir von dem Briefe öffentlich Gebrauch machen dürfen,
besagt derselbe:

„Statt im entscheidenden Momente zur Unterstützung bereit zu
sein, blieben die Badenser eine halbe Stunde rück- und seitwärts Helmstadt auf einer sanft abfallenden Höhe ruhig stehen und schauten ge-
müthlich zu, wie die Preußen gerade an der Stelle durchbrachen,
welche sie einzunehmen gehabt hätten.

Der bayrische äußerste linke Flügel, der sich an Helmstadt an-
lehnte, bestehend aus zwei Bataillonen des sechsten Infanterieregiments,
zwei Bataillonen des vierzehnten Infanterieregiments und dem ersten
Jägerbataillon wurde auf diese Weise völlig zersprengt. Nach großen
Anstrengungen gelang es fünf an dem äußersten linken Flügel postirt
gewesenen Subalternofficieren mit etlichen 250—300 Mann (zusam-
mengesetzt aus den verschiedensten Abtheilungen) die Position der Babenser zu erreichen, während das Gros der Brigade die Richtung mehr
gegen Mädelhofen auf Würzburg nehmen mußte.

Als erstere auf der Höhe ankamen, standen die Gewehre der Badenser in Pyramiden und die Truppen
rauchten lagernd ihre Pfeifen, als ob sie dies Alles gar
Nichts angingel!

Wie jedoch die Plänkler der Preußen auf den jenseitigen Höhen
in Sicht kamen, wurden auf Befehl die Gewehre ergriffen — um
trotz der günstigen Stellung ohne Weiteres abzuziehen!"

Jeder einzelne jener versprengten Bayern kann, wie hervorgehoben,

die Wahrheit dieser Schilderung erhärten, zu unserem höchsten Be=
dauern verpflichtet uns aber hier die zugesagte Discretion, nähere
Details, namentlich in Betreff eines damals stattgehabten interessanten
Wortwechsels, öffentlich mitzutheilen. —

Als vom 15. auf den 16. Juli das badische Hauptquartier in
Höchst im Odenwald befindlich war, ist es dortigen Bewohnern, na=
mentlich Beamten, welche mit dem Prinzen Wilhelm zusammenkamen,
nicht wenig aufgefallen, wie sehr preußenfreundlich dieser Herr that
und aus diesen seinen Gesinnungen gar kein Geheimniß machte. Er spot=
tete dort über die Bemühungen der Bundestruppen, welche mit den „in=
telligenten Preußen" kämpfen wollten 2c., was sich jedenfalls im Munde
eines gegen die Preußen noch im Felde stehenden commandirenden
Generals sehr eigenthümlich ausnahm und alsbald in Höchst auch
nicht wenig Grund zur Verwunderung abgab.

In unserer Broschüre haben wir Seite 7 bereits des Berichtes
erwähnt, den der hessische Lieutenant Zimmermann am 21. Juli über
die Aeußerung eines badischen Stabsoffiziers machte „sie, die Ba=
denser, thäten den Preußen Nichts und die Preußen
thäten ihnen auch Nichts!"

Besagter Bericht ging mit einem dienstlichen Begleitschreiben des
Obersten Willens vom 2. hessischen Infanterieregiment an das
Divisionscommando, in welchem amtlich gemeldet wurde, daß bay=
rische Beamte (vorzugsweise Gerichtsbeamte) zu Milten=
berg*) in Gegenwart einer Reihe hessischer Officiere und

---

*) Ueber den Aufenthalt des badischen Hauptquartiers an diesem Orte macht
auch der praktische Arzt, Dr. Leopold Ellinger aus Mergentheim in einem
inzwischen veröffentlichten sehr interessanten Aufsatze einige Angaben. Der Aufsatz ist
überschrieben „Genfer Conventionsreise nach Aschaffenburg und Tau=
berbischofsheim" und geben sich die Eindrücke dieses Arztes über „das Verhalten
der badischen Division" in folgenden kurzen Sätzen kund:

„Gegen den Strom österreichischer Artillerie mit Train und badischer Infanterie
mit Kavallerie schwimmend, beide wie Oel und Wasser gemischt, gelang es, eine halbe
Stunde Wegs in 2 Stunden zurückzulegen und unangehalten in Miltenberg einzu=
fahren, wo es schwer hielt, Einkehr für Mann und Roß zu finden.

In diesem bayerischen Städtchen befand sich das badische Hauptquartier.
Eine Stunde rückwärts, Aschaffenburg zu, waren Vormittags preußische Reiter
gesehen worden. Zu Erinnerung an das eigenmächtige Vor=, resp. Rückgeben des
badischen Oberkommandanten am 5. und 6. Juli bei Frankfurt — am 5. Juli war

in perſönlicher Gegenwart des Oberſten Willens ganz offen und mit aller Beſtimmtheit erzählt hätten, **Prinz Wilhelm ſei, gelegentlich der Anweſenheit der Badenſer in Milten= berg, in eigner Perſon bei den damals vier Stunden über dem Main ſtehenden Preußen geweſen.**

Die betreffenden Beamten autoriſirten den Oberſten Willens ausdrücklich, von ihren Namen bei ſeiner Mel= dung Gebrauch zu machen!

Einen weiteren intereſſanten Beitrag zu der badiſchen Kriegführung hat uns Friedrich Stolze aus der freien Schweiz mitgebracht, wohin er — aus Gründen verſchiedener preußiſcher Verurtheilungen gegen ſeine inzwiſchen unterdrückte „Frankfurter Latern“ — während der preußiſchen Occupation geflüchtet war.

Ein in einer größeren Stadt der Schweiz etablirter Geſchäftsmann war als Badenſer zu den Truppen eingerufen geweſen und am 26. Auguſt, von welchem Datum wir hier reden, ſeit kurzer Zeit wieder in die Schweiz zurückgekehrt. An beſagtem Tage äußerte derſelbe vor einer größeren Zuhörerſchaft, die Kriegführung zwiſchen Badenſern und Preußen ſei nur Spielerei geweſen und „er gehe nie mehr mit.“ Vor den Schweizern müſſe er ſich als Deutſcher eigentlich ſchämen, Einzel=

---

bie Nachricht vom Ausgang der Schlacht bei Königgrätz in ganz Deutſchland be= kannt — war mir die Erzählung eines babiſchen Dragonerofficiers ſehr auffallend, daß ſein Regiment, bei der Affaire vor Aſchaffenburg betheiligt, nur ein Pferd ver= loren habe, und hätte ich gern fragen mögen, ob's ein Schimmel war, und ob er ſo glücklich davon kam wie ſein Kollege von Bronzell. Ein anderer babiſcher Militär, dem ich einige Gefälligkeiten zu danken habe, ſagte mir auf meine Frage, wohin? „Nach Würzburg oder — nach Hauſe.“ Dieß war am 18. Juli. Im goldenen Engel ſaß das Hauptquartier wohlgemuth beim Diner. Beim Hinausfahren gegen Aſchaffenburg traf ich die Truppen lagernd im Abkochen begriffen, die Pferde abgeſattelt und ¼ Stunde von Miltenberg die erſten Vorpoſten zu Fuß. Mit etlichen Schwabronen Huſaren und etwas Nachſchub konnte man leicht, ſo denke ich mir, das ganze Hauptquartier anheben. Aber ein Engel bewachte es, und waren vielleicht noch weitere unſichtbare Schutzmaßregeln getroffen! Als in Aſchaffenburg die Leute bei der (falſchen) Nachricht vom An= zuge der Bayern am 20. Juli und einem möglichen Bombardement der von 10,000 Preußen beſetzten Stadt tief beſtürzt waren, rieth ich ihnen, ihre Werthſachen ins babiſche Hauptquartier zu bringen, dort ſeien ſie am ſicherſten vor Bayern und vor Preußen.“

helten, wie er sie erlebt, zu berichten. So sei er eines Tags in einer badischen Patrouille auf eine überlegene preußische gestoßen und sofort sei Seitens der Letzteren ein ganz freundliches Entgegenkommen zu Tage getreten.

Die Preußen hätten gelacht und gesagt, „den Badensern thun wir Nichts" und ihre Freundschaft gleichzeitig dadurch zu erkennen gegeben, — daß sie mit der sehr hungrigen badischen Patrouille ihr Frühstück getheilt und dann friedlich von derselben Abschied genommen hätten!

Derartige Aeußerungen badischer Soldaten stehen keineswegs vereinzelt da und hatten namentlich Aerzte zuweilen Gelegenheit, solche aus Schilderungen Verwundeter zu entnehmen. Auch hierfür wollen wir hier ein Beispiel citiren.

Unter den vielen menschenfreundlichen Jüngern Aesculaps, welche aus ihrer Heimath zu den Schlachtfeldern reisten, um den unglücklichen Verwundeten Hülfe und Trost zu bringen, befand sich auch Dr. Heumann aus Pfungstadt. Diesem schüttete ein badischer Soldat, während seiner Schmerzenszeit in einfacher und schlichter Weise das Herz aus. So sagte derselbe u. A., an dem Aschaffenburger Gefechtstag hätten die braven badischen Kanoniere die Kanonen schon aufgeprotzt gehabt, um auf die Preußen zu feuern, es sei ihnen aber das Schießen ausdrücklich untersagt worden!*)

Die niederen badischen Officiere seien lauter zuverlässige Leute, den hohen und höchsten Officieren habe man aber nicht durchweg getraut.

Der Verwundete erzählte, daß eines Tags drei preußische Spione durch das badische Lager gezogen seien und erst am Ende des Lagers wären sie gefangen genommen worden. Dieselben hätten einen Hundswagen (wahrscheinlich einen von Hunden gezogenen Wagen) mit sich geführt und Café und Zucker feil geboten. Die Papiere, welche sie alsbald als Spione erkennen ließen, hätten sich in deren Stiefeln gefunden. Obgleich geknebelt, wären sie bei der Gefangennahme sehr lustig gewesen, da sie eben gewußt, daß ihnen doch Nichts geschehe. Der Eine (ein

---

*) Bei einer späteren Gelegenheit hat die badische Artillerie, wie wir hören, ohne den Befehl abzuwarten, auf die Preußen gefeuert und soll deßhalb „wegen unbefugten Schießens" zu ernstlicher Verantwortung gezogen worden sein!

Rothbärtiger) habe zwar, aber offenbar nur zum Scheine lamentirt, beim näheren Eingehen auf seine Lamentationen habe derselbe die ihn eskortirende Patrouille aber geradezu zum Uebergang zu den Preußen verleiten wollen, woraus die nur erheuchelte Furcht klar werden mußte. Soviel der Verwundete später gehört hat, sind die Spione von dem ba= dischen Obercommando, welches sie überliefert erhielt, alsbald unbehelligt auf freien Fuß gesetzt worden. Auch sprach der Patient die Ansicht aus, daß Prinz Alexander alle Divisionen hätte vereinigen wollen, um die Sonderbestrebungen des badischen Prinzen zu durchkreuzen, letzter habe dies jedoch nicht gethan, um möglichst freie Hand zu behalten!

Man wird nun vielleicht einwenden, Conducteur Jentsch, Wendel Schäfer oder dessen badischer College haben die Unwahrheit geredet, man wird den detaillirt anklagenden Artikel der A. Z. und den hiervon ganz unabhängig uns zugesandten Brief über die Affaire bei Helmstadt in das Bereich der Mährchen verweisen wollen, man wird auch vielleicht die Höchster und Miltenberger Beamten sowie den Dr. Ellinger ebenso Lügen zu strafen suchen, wie den Geschäftsmann in der Schweiz oder den Verwundeten u. s. w. — für das denkende Publicum werden indessen derartige Dementi's zweifelles nicht von großer Bedeutung sein.

Man müßte ja geradezu an ein durch ganz Deutschland verzweigtes Complott wider den Prinzen Wilhelm denken, wenn man in die Aeuße= rungen der bei der ganzen Sache durchaus unbetheiligten Personen aus allen Weltgegenden*) auch nur den geringsten Verdacht setzen wollte!

---

*) Einen interessanten Beitrag zu der badischen Kriegführung finden wir u. A. auch in der Beilage zu Nr. 202 der „Aschaffenburger Zeitung" vom 17. Sep= tember l. J. Das Verhalten der badischen Division in der dortigen Maingegend wird daselbst in einer so graven Weise signalisirt, daß wir davon Akt zu nehmen genöthigt sind, wenn wir auch selbstverständlich die Vertretung der einzelnen Mit= theilungen der betreffenden, hiefür verantwortlichen, Redaktion überlassen müssen. Der Bericht lautet wörtlich:

Wörth, 14. Sept. „Wir lesen in den Zeitungen Schilderungen der badischen Kriegführung in dem so eben beendeten Kriege, und glauben hiezu auch einen Bei= trag liefern zu können. Wenngleich es dem Laien in der Kriegskunst oft nicht mög= lich ist, im Gedränge der Massentruppenbewegungen deren eigentliche Ziele erspähen, und die Führung beurtheilen zu können, so bildet sich doch aus den äußeren Er= scheinungen zuletzt eine vorläufige Meinung, die oft der Wahrheit näher kommt, als den Leitern eines derartigen kriegerischen Unternehmens lieb sein dürfte. Wir hatten zwei Tage das badische Hauptquartier hier, und was jeder Einzelne während

Preußische Einquartierung hat überbies später die gegenseitige
Schonung zwischen Preußen und Badensern vollkommen bestätigt und

---

dessen herausfühlte, befestigte sich nach Abzug der Badenser durch
gegenseitigen Austausch der vielen Erlebnisse noch mehr im Volke,
und die ferneren Thatsachen haben nunmßtößlich festgestellt, daß
Baden es nicht ehrlich mit seinen deutschen Bundesgenossen gegen
Preußen gemeint und nur einen Scheinkrieg geführt hat. Der
14. Juli, der Tag von Aschaffenburg war vorüber. Wir hörten, daß sich die Bundes=
truppen gegen Frankfurt zurückgezogen hätten, von den Preußen auf dem Fuße ge=
folgt. Wegen der damaligen Unterbrechung der Post und dem Ausbleiben aller
Zeitungen, wußten wir nicht, daß das 8. Bundesarmeekorps Frankfurt zu vertheidigen
aufgegeben hatte, und erwarteten nun die Schlacht vor Frankfurt. Am 15. Juli
kamen — für uns unbegreiflich — 2 badische Bataillone mit 2 Kanonen und einiger
Kavallerie in unserer Nähe im Mömlingthale bei Eisenbach an, wo sie bivouakirten.
Unser Staunen legte sich erst, als uns diese Leute erklärten, daß sie Frankfurt zu
vertheidigen aufgegeben hatten, daß sie die Avantgarde der badischen Armee seien,
die sich um mit den durch den Spessart den Preußen nachrückenden Bayern ver=
einigen würde. Das klang wenigstens wahrscheinlich, denn sonst hätten wir nicht
verstehen können, was die Bundesarmee, die wir konzentrirt bei Frankfurt wähnten,
hier hätte thun sollen. Die Badenser waren von Stockstadt über Großostheim, Schaf=
heim nach Mömlingen und an den Main gegangen, ebenso die Oesterreicher; schon
unter diesen Leuten bemerkte man eine starke Mißstimmung. „Nun werden wir
schon wochenlang so herumgeführt, ohne einen Preußen gesehen zu haben, sagte mir
ein kräftiger Bursche. Ich lechzte nach Preußenblut. Wir haben 1848 die Preußen
meinen Vater erschossen, und den muß ich hundertfach rächen. Unsere Offiziere
führen uns aber ganz am Narrenseil herum. Immer weichen die Preußen uns,
oder wir ihnen aus. Gestern (also am 14. Juli) marschirten wir lange
nach der festgesetzten Stunde in Frankfurt ab, bivouakirten schon
wieder in Seligenstadt, und kamen dann richtig — was vielleicht
beabsichtigt war — zu spät, um an dem Gefecht bei Aschaffenburg
noch Antheil nehmen zu können. Aber laßt uns nur einmal mit diesen
Preußen zusammenkommen, dann sind unsere Offiziere nicht mehr Herr über uns"
u. s. w. Am 16. Juli früh kam auf einmal unmittelbar hinter den Oesterreichern,
die weiter mainaufwärts zogen, die ganze badische Division hier an. Die Avantgarde
ging bis Trennfurt vor, die Hauptmacht blieb mit dem Hauptquartier hier und bezog
Bivouaks oberhalb und unterhalb Wörth, auf den Wiesen am Main. Prinz Wilhelm
von Baden fuhr gegen Abend zu seinem Schwager, dem Fürsten von Leiningen, nach
Amorbach, mit dem er, sowie mit Prinz Eduard von Leiningen, erst andern Tags
zurückkehrte, und sich hier der ungestörtesten Heiterkeit überließ! Ob=
gleich die Preußen immer noch sehr stark in Aschaffenburg standen, fanden es die
Badenser hier, nur 4 Stunden davon entfernt und durch gute Straßen verbunden,
nicht nöthig, Kanonen aufzufahren. Diese standen sammt dem

ein babischer Unterthan, welcher sich von Mitte Juni bis Mitte Juli zu Berlin aufhielt, versichert uns eine im höchsten Grade be=

Munitionspark auf einer seitwärts liegenden Wiesenparzelle alle beisammen. Nur in Treunfurt stellten sie solche auf einen Berg und richteten sie auf Klingenberg. In den hiesigen Bivonaks entfaltete sich alsbald das friedlichste Lagerleben. Es bemühten sich ordentlich Offiziere und Unteroffiziere, die Bewohner zu trösten, daß, so lange sie hier wären, ein Angriff von den Preußen nicht zu erwarten stände. Solche Aeußerungen waren häufig, häufig aber auch Fluch= und Grollworte der Gemeinen, die lieber heute als morgen sich mit den Preußen messen wollten, um Revanche für 1848 zu nehmen. Aber was nützt all dieser Muth. Der Soldat hat nur seinem Offiziere zu gehorchen. Ein babischer Major, dem im Beisein von hiesigen Leuten von seinen Leuten gemeldet wurde, daß jenseits des Maines auf Erlenbacher Gemarkung preußische Soldaten gesehen worden seien, widersprach Solches, ohne weitere Notiz davon zu nehmen, mit der Bemerkung, daß dieses babische Vorposten seien. Nun darf man doch annehmen, daß sich die babische Mannschaft auch einander kannte. Hierauf suchte dieser Major den hiesigen Einwohnern jede Furcht vor den Preußen auszureden, sie als die ordentlichsten Leute darzustellen, die einen ganz guten Zweck in diesem Kriege verfolgten ic. Unterdessen ging die Meldung von seinen Soldaten ein: „So eben habe es überm Main ge= schossen“, worauf sich der Herr Major mit den Worten entfernte: „So! wenn die Preußen geschossen haben, dann kann ich mich auch ruhig schlafen legen.“ Es waren aber doch Preußen auf dem rechten Mainufer, und es ist Thatsache, daß außer den vielen einzelnen Patrouillen einmal 50 preußische Dragoner auf dem Dammsfeld standen und mit ihren Fernrohren das ganze babische Lager inspizirten, von dem= selben fast nur durch den Main getrennt. Es standen wohl auch babische Vorposten rechts des Maines, aber diese hätten es sicher nicht verhüten können, wenn es den Preußen gefallen hätte, einen raschen Handstreich von Aschaffenburg aus auf die sorg= losen Badenser auszuführen. So lagerten sie am 16. und 17. Juli hier und zogen am 18. weiter stromaufwärts. Während dessen hatten die Preußen die ganze Gegend auf dem rechten Mainufer durchschwärmt und überall fleißig requirirt. So hatten sie auch von Mönchberg und Rück 4 Ochsen und 4 Wagen mit Heu, Hafer und Brob erpreßt und diese Gegenstände durch Ortsleute nach Aschaffenburg abgeschickt. In der Nähe von Elsenfeld wurde dieser Transport von einer babischen Jägerpatrouille angehalten und nach Ermittlung des Zieles der Reise, als gute Prise arretirt und mit hierher zum Oberkommando gebracht. Letzteres aber war mit dem Dienst= eifer der Jäger durchaus nicht einverstanden, soll gesagt haben, man hätte diese Landleute sollen ziehen lassen, und gab sie sofort wieder frei mit dem Bemerken, immerhin diese Gegenstände den Preußen nach Aschaffenburg zu liefern. Die Landleute dachten aber patriotischer und begaben sich mit ihren Labungen wieder nach Hause. Wenn das babische Kommando der Beweggrund geleitet haben sollte, daß diese Gegenstände zu= nächst Eigenthum ihrer Gemeinden waren, dessen Aneignung ihm unbillig erschien, merkenswerthe Beruhigung, welche ihm daselbst wegen seiner Besorgniß über das Schicksal seines badischen Vaterlandes und dessen Soldaten gegeben wurde.

Von gutunterrichteter Seite wurde ihm nämlich in Berlin gesagt,

---

so kann man doch auch nicht begreifen, wie man durch sofortige Entlassung und Hin=weisung zu den Preußen den Feind direkt unterstützen konnte. Im Kriege sollte man glauben, sei jeder Schabernack, den man dem Feinde spielen kann, Pflicht. Man hätte ja auch badischerseits die Gemeinden entschädigen können. In der Nacht vom 17. auf den 18., Früh 3 Uhr, unmittelbar nach der Ankunft eines Ordonnanz=offiziers, wurde von einem Generalstabsoffiziere mit Beihülfe zweier Feldgendarmen eine Telegraphenstange abgesägt und der Draht zerrissen. Als des folgenden Tages ein Telegraphenbediensteter die Linie bereiste, um die Ursache der Störung zu suchen und zu beseitigen, als er solche hier mitten im Orte fand und man ihm sagte, die Badenser hätten dieses gethan, wollte er es kaum glauben, da ja hiedurch die noch einzige offene Verbindung mit Bayern und dem bayer. Hauptquartier unterbrochen sei, was sicher nicht im Interesse der Bundesarmee liege. So ließe sich noch eine Menge kleinerer Akte aufzählen, die alle beweisen, **daß Baden keinen Krieg führen wollte.** Mehr als einmal mußten die Offiziere von den Bewohnern die Frage hören, ob denn das Krieg sei, was sie hier treiben, man hätte sich einen Krieg ganz anders vorgestellt, es sei doch wohl nur ein militärischer Spaziergang kreuz und quer durch Deutschland. Ein Lächeln, aber keine Antwort, war meistens die Erwiderung darauf. Als sie am 18. Früh abzogen, bildete Infanterie die Arriergarde. Eine Deckung durch Kavallerie oder sonst welche Vorsichtsmaßregel war ja unnöthig, und doch ritten schon ¼ Stunde nach dem Ausmarsche der Bundestruppen die preußischen Dragoner hier ein. Nun was man auch immer sagen mag, neben den vielen Lasten, die uns dieser badische Besuch auferlegte, hatten wir auch manches Angenehme. Wir lernten einmal unsere badischen Freunde genau kennen. Es sind recht liebe freundliche Leute; wir hörten Abends im Bivouak die feurig kriegerischen Klänge von 4 Regiments=Musiken und können nun auch etwas erzählen. Als aber am 22. Juli die Preußen ihr Hauptquartier hier aufschlugen, da konnte man einen ganz andern Ernst auf allen Gesichtern lesen. Jetzt erst lernten wir den Krieg in seiner wahren und schrecklichen Gestalt kennen. **Baden aber wird wohl die Welt nicht glauben machen wollen, daß es mit Preußen ernstlich im Kriege gewesen sei.**"

(Es leidet diese Schilderung jedenfalls insofern an einer unklaren Wiedergabe oder unrichtigen Auffassung der Verhältnisse, als man hiernach glauben könnte, es sei bei sämmtlichen oder doch bei vielen badischen Officieren ein Einverständniß mit den Maßnahmen des Prinzen Wilhelm vorhanden gewesen, während wir uns persönlich von dem Gegentheil zu überzeugen Gelegenheit hatten).

„man könne ihm natürlich Nichts Näheres mittheilen, aber hinsichtlich Badens brauche er gar keine Besorgniß zu haben!"

Hiernach hätte man also in Berlin schon im Voraus die Begebenheiten, wie sie in Deutschland sich wirklich ereigneten, gekannt!

Nachdem wir hiemit noch einiges weitere Material zur Beurtheilung der badischen Kriegführung geliefert haben, sind wir keinen Augenblick darüber im Zweifel, daß dieselben Federn, welche die unanfechtbaren und unangefochtenen Aktenstücke unserer ersten Broschüre mit den Worten „Klatsch" oder „Fraubasereien" abfertigen wollten, in noch weit höherem Maße den dermaligen Enthüllungen gegenüber mit solchen Redensarten bei der Hand sein werden.

Wir machen indessen wiederholt darauf aufmerksam, daß Alles dasjenige, was hier von den verschiedensten Personen aus den verschiedensten Gegenden, von Leuten, die sich untereinander nicht kennen und in keinerlei Gemeinschaft stehen, vorgetragen wurde, durch feierlichen Eid bestätigt werden kann.

Wir haben nun schon oben zugegeben, daß es möglich wäre, an der einen oder der andern jener Mittheilungen hinsichtlich ihrer Beweisfähigkeit zu rütteln und derselben eine andere Deutung zu geben, als ihr in Wirklichkeit innewohnt, wir geben sogar zu, daß es möglich wäre, eine der vorgetragenen Thatsachen (wie z. B. die von dem Postconducteur Jentsch am Abend des 15. Juli gemachte Wahrnehmung) als wirklich unverfänglich darzuthun, aber darin wird uns doch Jedermann, selbst der Scrupulöseste, Recht geben, daß über den Totaleindruck ein Zweifel gar nicht denkbar ist.

Warum hat man von den Württembergern und Hessen, warum hat man von den Bayern, bei denen ja doch auch soviel von Verrath geschrieen worden ist, warum hat man von all' den andern Bundestruppen niemals auch nur eine einzige solche Thatsache verlauten hören, wie sie der Führung des Prinzen Wilhelm täglich und allerwärts zur Last gelegt werden und nur einen Commentar bilden zu den unumstößlichen Aktenstücken, auf denen unsere Anklage aufgebaut ist und auf solchem Grunde nach wie vor felsenfest und unerschüttert dasteht.

In der wichtigsten Bundestagssitzung, die seit Bestehen des Bundestags überhaupt abgehalten wurde, als es sich nämlich am 15. Juni

l. J. um die Abstimmung über die Mobilmachung der Bundestruppen wider den Störer des deutschen Friedens handelte, damals war Baden der einzige Staat, welcher sich der Abgabe seiner Stimme enthielt, obgleich es doch gerade da heilige Pflicht eines jeden Bundesgliedes war, ganz entschieden nach der einen oder andern Seite hin Stellung zu nehmen.

Was dieses Anfangs unklare Auftreten der badischen Regierungspolitik in der Folge zu bedeuten hatte — dies nach dem Verlauf aller Begebenheiten zu beurtheilen, überlassen wir dem einsichtsvollen Leser. Der späteren Geschichte wird es vorbehalten bleiben, hierüber ihren endgültigen Richterspruch zu fällen und, wenn nöthig, unseren Beweis mit noch umfassenderem Material zu verstärken *).

Der Gegenwart bliebe dann Nichts übrig, als neben den getäuschten Bundesgenossen vor Allem das tiefste Bedauern darüber auszusprechen, daß das wackere badische Militär zu solchem Spiel mißbraucht worden!

Wenn wir hiermit in einer Angelegenheit zum Schlusse eilen, welche, wie kaum eine zweite, die Sensation namentlich des süddeutschen Volkes erregt hat, welche der deutschen Tagespresse, unbekümmert um das der Broschüre in Baden widerfahrene, auch ihr drohende Verbot ein Gegenstand eingehendster Besprechungen wurde, so waren wir uns bei Abfassung der Schrift der Angriffe, die dieselbe hervorrufen würde, sehr wohl bewußt.

Wir wußten, daß man in den Motiven der Broschüre den gewichtigsten Hebel wider dieselbe in Bewegung setzen würde, da wir die jenseitige Schwäche der Sache sehr wohl kannten, und so haben wir denn auch erlebt, daß man sie bald den „Rothen,“ bald den „Schwarzen,“ bald den „Württembergern“ und bald den „Hessen“ zuschrieb.

Wir haben nach den Namen unserer Angreifer und Widersacher niemals gefragt, weil uns eben nur die Sache interessirt und es völlig gleichgültig ist, von Wem eine solche beleuchtet wird, wenn dies nur

---

*) Wir haben hier u. A. namentlich einen Depeschenwechsel zwischen zwei hochstehenden badischen Persönlichkeiten im Auge, dessen eigentlicher Sinn einem unbefangenen Dritten erst klar wurde, „nachdem er unsere erste Broschüre gelesen!“

in richtiger Weise geschieht, ein Erforderniß, dem wir in vollstem Umfange nachgekommen sind.

Wenn wir die in sicherster Aussicht stehenden Angriffe nicht gescheut haben, so möge dies nur dafür Zeugniß sein, wie sehr wir von der Ueberzeugungskraft unserer Sache durchdrungen waren, in welcher Beziehung wir uns denn auch einer Täuschung nicht schuldig gemacht haben.

Wir schließen unsere Bemerkungen damit, daß wir der Merkwürdigkeit halber ohne allen weiteren Commentar einen anderen uns später zu Gesicht gekommenen Angriff, den unsere Broschüre in der badischen Zeitungspresse, dem „Pforzheimer Beobachter" gefunden hat, einfach zum Abdruck bringen, wenn dort in Nr. 214 vom 13. September l. J. Prinz Wilhelm folgendermaßen vertheidigt wird:

„Jeder Unbefangene, dem bekannt ist, **daß Baden nur durch den von württembergischer, bayerischer und österreichischer Seite ausgeübten Zwang und die Drohung der Zerreißung des Landes auf die Seite der Feinde des preußisch-deutschen Einheitswerkes gedrängt wurde, wird die humanen Gesinnungen des Führers der badischen Truppen billigen, die es nicht zuließen, daß einer verlornen Sache unnützer Weise noch mehr Menschenopfer gebracht wurden, nachdem das Gottesurtheil des Kriegs bereits für Preußen entschieden hatte!"**

Schmach den Heuchlern, welche die Blasphemie nicht scheuen und den Verrath*) mit einem „Gottesurtheil" entschuldigen!

---

*) Einer mehr wie seinen Unterscheidung begegnen wir schließlich noch in der „Allgemeinen Zeitung", mit deren Widerlegung diese Broschüre begonnen hat. Ein längerer Artikel dieses Blattes über „die Schlachtfelder Unterfrankens und Badens" unterwirft zwar das Commando der badischen Division einer schonungslosen Kritik, der Verfasser bemerkt aber dabei in Nr. 310 — außerordentliche Beilage vom 6. November, — daß er nicht an einen „Verrath" des Prinzen Wilhelm glaube, dessen Benehmen vielmehr treffender mit dem Prädikat eines „reinen Comödienspiels" bezeichnen möchte.

Wir müssen gestehen, daß wir im Kriege unter Bundesgenossen die Begriffe „Verrath" und „reines Comödienspiel" Seitens des einen Waffenbruders zu dem andern nicht zu trennen vermögen!

Wenn der Verfasser aber namentlich unmittelbar nach dieser gesuchten Distinction davon spricht, „General von Beyer hätte gewußt oder doch vermuthet, daß ihm die badische Division freie Hand lassen würde" und

Wenn auch in der badischen Journalistik, die in Würdigung der Thatsachen doch weniger ängstlich als eine officielle Broschüre verfahren kann, in solcher Weise eine Vertheidigung ausfallen muß, wie schwer wiegend muß da die Anklage sein!

---

deßhalb die Bayern bei Neubrunn angegriffen, so sind wir umsomehr im Unklaren, wo denn eigentlich nach solcher Ansicht der Verrath aufhören und das Comödienspiel anfangen soll?!